Knauer-Nothaft, Kandlbinder

Die Autorin

Christl Knauer-Nothaft, Dr. phil., geb. in München, arbeitete als Lehrerin für Geschichte, Sozialkunde und Anglistik. Nach ihrem Promotionsstudium u. a. in Bayerischer Geschichte und Kirchengeschichte an der Ludwig-Maximilians-Universität veröffentlichte sie Bücher und Aufsätze zur Stadtgeschichte, Frauen- und Schulgeschichte. Sie ist verheiratet, hat zwei erwachsene Kinder und drei Enkelkinder.

Die Autorin dankt der Stadtsparkasse München, dem Bezirksausschuss Ludwigvorstadt-Isarvorstadt, dem Historischen Forschungszentrum der Friedrich-Ebert-Stiftung und dem DGB-Bildungswerk für die Zuschüsse zur Drucklegung.

Der Verlag dankt Paulaner München für die großzügige Unterstützung des Projektes.

Impressum

© August Dreesbach Verlag, München 2008. Alle Rechte vorbehalten.
Grafik: Matthias Georgi
Gesamtherstellung: Auer Medien, Donauwörth
Printed in Germany.
ISBN 978-3-940061-20-1

Besuchen Sie uns im Internet: www.augustdreesbachverlag.de

Christl Knauer-Nothaft

Georg Kandlbinder (1871-1935)

Sozialdemokrat. Revolutionär. Verfolgter.

August Dreesbach Verlag
München

Grußwort

Zur Geschichte Münchens, die jetzt aus Anlass des 850-jährigen Stadtjubiläums in ihren vielfältigen Facetten angesprochen und thematisiert wurde, gehören auch der Aufstieg der Arbeiterbewegung um die Wende vom 19. zum 20. Jahrhundert, das Ende der Monarchie, die Ermordung Kurt Eisners, die ihr folgenden Wochen der beiden Räterepubliken und ihre gewaltsame Niederschlagung, der Hitlerputsch vom 9. November 1923 und die schließliche Herrschaft des NS-Gewaltregimes, das München bekanntlich den Titel „Hauptstadt der Bewegung" verlieh. An wissenschaftlichen Arbeiten über diese Ereignisse und auch an allgemein verständlichen Darstellungen mangelt es nicht.

Dennoch besteht noch immer eine Lücke, zu deren Schließung das vorliegende Buch einen wichtigen Beitrag leistet. Es abstrahiert nämlich nicht davon, wie einzelne Menschen diese Zeit und diese Ereignisse erlebt haben, sondern schildert gerade dies am Beispiel eines Mannes, der einer unter vielen war, der nicht im engeren Sinne zu den Eliten gehörte, der sich aber ein eigenes Urteil bildete, sich im Rahmen seiner Möglichkeiten engagierte und dabei stets das Ziel vor Augen hatte, die Lebensverhältnisse der Arbeiterschaft zu verbessern. Ein solcher Mann eben war Georg Kandlbinder als Sozialdemokrat und als Gewerkschafter.

Das ist Erinnerungsarbeit ganz spezieller Art. Wer liest, wofür und wogegen Georg Kandlbinder gekämpft hat und wie er auch Schicksalsschläge ertrug, wird all das, was wir heute an demokratischer Rechts- und Sozialstaatlichkeit in Anspruch nehmen, und die Tatsache, dass wir seit sechzig Jahren im inneren und im äußeren Frieden leben, vielleicht nicht mehr für so selbstverständlich halten, wie das die meisten von uns doch schon lange tun. Und wer meint, auch Kandlbinder sei seinerzeit Irrtümern unterlegen – etwa in der Einschätzung der ersten Räterepublik – der wird sich dann vielleicht auch die Frage vorlegen, wie hättest Du Dich selbst damals verhalten. Folgerungen daraus könnte er dann auch für das eigene Tun und Lassen ziehen. Und zwar im Sinne eigenen Lernens und eigenen Engagements.

Übrigens Irrtümer und Fehlverhalten: Beides wird in dem Buch an einigen Stellen auch Sozialdemokraten zugeschrieben, die seinerzeit herausgehobene Verantwortung trugen. So insbesondere Albert Roßhaupter und Ernst Schneppenhorst. Das sind wohl Momentaufnahmen. Sie dürfen nicht vergessen lassen, dass Schneppenhorst in den letzten Kriegstagen in einem Berliner Gestapo-Gefängnis ermordet wurde. Und dass Roßhaupter im April 1933 in mutiger Weise das „Nein" der sozialdemokratischen Landtagsfraktion zum Bayerischen Ermächtigungsgesetz vertrat.

Aus den genannten Gründen wäre es gut, wenn gerade auch solche Menschen das Buch in die Hand nähmen, die sich für „ganz normale" Leute halten. Die Autorin, die dafür Dank verdient, dass sie einen längst vergessenen Münchner aus dem Schlachthofviertel wieder hat lebendig werden lassen, würde das sicher zu Recht begrüßen.

Dr. Hans-Jochen Vogel

Inhalt

Vorwort

Im Alter von 18 Jahren musste Georg Kandlbinder vier Tage im Passauer Gefängnis einsitzen. Er war mit seinem Lehrherrn, dem Besitzer der Brauerei in Straßkirchen aneinandergeraten, weil dieser die Braugehilfen „Tag und Nacht", wie er in seinen Erinnerungen schreibt, schuften ließ. Nachdem die herbeigerufene Polizei Partei für den Brauereibesitzer ergriff und sich der Lehrling darauf mit den örtlichen Polizisten anlegte, wurde er zu einer Woche Haftstrafe verurteilt.

Georg Kandlbinder, der schon in seiner Kindheit und frühen Jugend hart zulangen musste, ließ sich durch diese Strafe, die er als ungerecht empfand, nicht unterkriegen. Auch nicht auf langen Jahren der Wanderschaft, während der er zumeist nicht in seinem erlernten Beruf als Brauer, sondern berufsfremd auf dem Bau, in der Landwirtschaft oder in Hafenstädten auf Arbeitssuche gehen musste. Immer klarer erkannte er, dass er als einzelner gegen die schweren Arbeitsbedingungen nichts ausrichten konnte, dass nur in gemeinschaftlicher Anstrengung etwas zu erreichen war.

Als der Niederbayer endlich im Alter von 25 Jahren eine feste Anstellung in seinem Beruf als Brauereiarbeiter in München erhielt, begann er sein Leben in den Dienst der Arbeiterbewegung zu stellen. Als Gewerkschafter engagierte er sich aktiv im Brauereiarbeiterverband, als Sozialdemokrat stieg er in jungen Jahren zum Sektionsführer der Partei auf. Bereitwillig übernahm er in den folgenden Jahren viele Posten und Ehrenämter in sozialen Einrichtungen von Gemeinde und Staat.

Georg Kandlbinder erlebte mit, wie sich 1917 die Partei in einen gemäßigten Flügel, die Mehrheitssozialdemokraten (MSP), und in einen linken Flügel, die Unabhängigen Sozialdemokraten (USP) spaltete. „Die Einheit der Partei (ist) in Trümmer gegangen", kommentierte er betroffen. Kandlbinder blieb in der bayerischen MSP, nur im Einklang mit ihr und im Rahmen der Verfassung wünschte er sich den sozialen Fortschritt, für den er zielgerichtet arbeitete. In den turbulenten Zeiten,

Georg Kandlbinder im Alter von 35 Jahren.

die folgten, wurde es für ihn, den aufrechten Gewerkschafter und Sozialdemokraten manchmal schwierig, die Entscheidungen seiner Partei nachzuvollziehen.

1918/19 geriet er in den Strudel der Revolution: Von ihrem Beginn an, als Eisner die Republik ausrief, bis zur radikalen Umsetzung der Räterepublik befand sich Kandlbinder immer mitten im Geschehen, anfangs als Mitglied wichtiger Gremien, dann auch als Träger politischer Ämter. Als der einzige Mehrheitssozialdemokrat gehörte er während einer der letzten Phasen der Revolution dem „revolutionären Zentralrat" an. Deshalb wurde er in das Zuchthaus Ebrach eingeliefert und das während „meine Parteigenossen", wie Kandlbinder fassungslos notierte, die Regierung stellten.

Über das Schicksal Georg Kandlbinders ist bisher nichts bekannt. Erst kürzlich tauchte in den Unterlagen seines Enkels ein 14-seitiges, hier als Anhang abgedrucktes Manuskript auf, das sein Großvater 1920 verfasste. Er berichtet darin über seine Jugend, seine Tätigkeit in der bis 1914 in München sehr erfolgreich wirkenden Arbeiterbewegung und vor allem über seine Zeit als Arbeiterrat nach dem Sturz der Monarchie. Dieser Lebensbericht ist ein sehr wertvoller Fund, weil der Brauer Georg Kandlbinder nicht zur vordersten, allseits bekannten und in vielen Abhandlungen beschriebenen Riege der Führungspersönlichkeiten der Revolution von 1918/19 gehörte, sondern zu denen, die im Hintergrund wirkten und als Pragmatiker die Ziele von Partei und Gewerkschaft umsetzten. Es ist höchst selten, dass Lebensläufe einfacher Arbeiter nachzuvollziehen sind, weil in den meisten Fällen kaum schriftliche Unterlagen vorliegen.

Da der Brauereiarbeiter Georg Kandlbinder seinen Lebensbericht sehr knapp hielt und viele der geschilderten Fakten für uns heute nicht mehr ohne Weiteres verständlich sind, habe ich den Versuch unternommen, sein Leben, das die letzten Jahre der Monarchie bis zum Ende des Ersten Weltkrieges, die aufregenden Monate der bayerischen Revolution von 1918/19 und die Jahre der heraufziehenden Gefahr durch die

Nationalsozialisten umfasst, in einen größeren historischen Zusammenhang zu stellen. Da Georg Kandlbinders Bericht leider 1926 endet, mussten besonders die Jahre bis zu seinem Tod 1935 aus anderen historischen Dokumenten erschlossen werden. Es stellte sich heraus, dass Georg Kandlbinder bis Anfang 1933 als Münchner Gewerkschaftsführer engagiert und vehement gegen die NSDAP anging. Dies führte unausweichlich dazu, dass er und seine Familie 1933 dem Angriff der Nationalsozialisten ausgesetzt waren. Die Zeit der Verfolgung überlebte er nur zweieinhalb Jahre.

Mein herzlicher Dank gilt der Familie Kandlbinder für die Überlassung von Dokumenten und Fotos, ebenso den zahlreichen Helfern bei der Recherche: Herrn Danzl, Herrn Kett und Frau Stadler/AOK, Herrn Adjan, Herrn Gensberger und Frau Moritz/NGG, Christian Böhm/Brauerei Straßkirchen, Herrn Flohrschütz/Gemeinde Tiefenbach, Frau H. Thomass/Familienarchiv Thomasbräu, Herrn Dusch/Archiv Paulanerbräu, Herrn Bierschneider/Staatsarchiv München, Herrn Dr. Heusler/Stadtarchiv München, des Weiteren den Damen und Herren der Generaldirektion der Staatlichen Archive, des Bayerischen Hauptstaatsarchivs, der Monacensia, des Staats- und Stadtarchivs Bamberg, des Staats- und Stadtarchivs Würzburg. Briefliche oder telefonische Auskunft erhielt ich vom Bundesarchiv Berlin, vom Archiv des Instituts für Zeitgeschichte, von der KZ-Gedenkstätte Dachau, vom Haus der Bayerischen Geschichte, vom Geschichtsverein und der JVA Ebrach sowie dem Arbeiterarchiv Pasing. Auch dafür vielen Dank! Meinen Freunden A. Lichtenstern, H. Liedl, E. Schecker, F. Seidler, D. Stemshorn und M. Weese danke ich für wertvolle Literaturhinweise.
Herrn Dr. Hans-Jochen Vogel, der mich in vielfacher Weise unterstützt hat, schulde ich meinen besonderen Dank.
Meiner Familie widme ich das Buch!

I. Kindheit und Jugend in Niederbayern

Der am 2. April 1871 geborene Georg Kandlbinder wuchs in einfachen Verhältnissen in der Nähe von Passau auf. Er stammte aus einem kleinen Bauernhof im Weiler Leithen, den sein Vater, der Kleingütlersohn Leopold und seine Mutter Theres bei Geburt ihres dritten Kindes durch Tausch erworben hatten. Der Ertrag des Anwesens „mit Kuh- und Ochsenstall, Stadl mit Pferd- und Schweinestall unter einem Dache" reichte kaum aus für die große Familie mit sieben Kindern, vier Buben und drei Mädchen. Wie viele kleinbäuerliche Betriebe in den achtziger Jahren des 19. Jahrhunderts kämpfte auch Georgs elterlicher Hof um sein wirtschaftliches Überleben. Schon im Alter von 13 Jahren wurde deshalb der als sechstes Kind geborene Georg aus dem Elternhaus geschickt, um anderswo für seinen Lebensunterhalt zu arbeiten und auf eigenen Füßen zu stehen.

Auch während der siebenjährigen Schulzeit wurde Georg nicht geschont, sondern vom Pfarrer „zu allen erdenklichen Arbeiten" in der Kirche und im Pfarrhof herangezogen, so dass ihm kaum Zeit zum Lernen blieb. Es kam damals wohl nicht selten vor, dass die Pfarrherren, die in jenen Jahren noch die örtliche Schulaufsicht führten, die klügeren Kinder aus dem Unterricht holten, um sie als Ministranten einzusetzen, aber dass ein Bub wie der junge Georg als Hilfskraft in der Pfarrökonomie verwendet wurde, war nicht die Regel. Um zur Schule und zur Kirche zu gelangen, musste er, und das bei jeder Witterung, in das sechs Kilometer entfernte Dorf Tiefenbach gehen, wobei der Wirtschaftshof des Pfarrers weit draußen außerhalb des Dorfes lag.[1]

Auch der Lehrer scheint Georg mehr zum Arbeiten als zum Lernen angehalten zu haben. „Der Schulbesuch war ein äußerst mangelhafter", stellt Georg Kandlbinder in seinen Erinnerungen fest. Immerhin schätzte der Lehrer Georgs Leistungen und gab ihm im Abschlusszeugnis in allen Fächern die Note 1.

Georg Kandlbinder im Alter von 26 Jahren.

Was hartes Arbeiten bedeutet, wusste der Junge bereits, als er nach seiner Schulzeit auf fremden Bauernhöfen die Landwirtschaft erlernen sollte, um sich damit durchzubringen. Als Lohn erhielt er anfangs jährlich 25 Mark bei täglich 16 Stunden oder mehr Arbeitszeit. Dankbar erinnert sich Georg Kandlbinder an die in diesen Jahren besuchte Sonntagsschule, wo ihm ein verständnisvoller Lehrer half, elementare Wissenslücken aufzufüllen.

Als im Passauer Umland Typhus ausbrach, steckte sich der junge Mann an und erkrankte so schwer, dass er vier Monate im Krankenhaus zubringen musste. Nach dieser Krankheit war er so geschwächt, dass der Militärdienst für ihn aus gesundheitlichen Gründen nicht mehr in Frage kam. Die Arbeit auf den fremden Bauernhöfen hielt er nun nicht mehr für zukunftsträchtig, weil längst festgelegt war, dass der elterliche Hof an einen seiner Brüder übergehen sollte. Während seiner Genesung

Kandlbinders Elternhaus in Leithen, Gemeinde Tiefenbach, vor dem Umbau im Jahr 1936.

hatte er sich wohl überlegt, dass er nur in einem anderen Beruf Aussicht auf ein Weiterkommen haben würde. Nachdem er ein Jahr als Hilfskraft beim Bau der Eisenbahnlinie Passau-Freyung gearbeitet hatte, erhielt er, nun 18-jährig, endlich eine Lehrstelle. In einer Brauerei mit 30 Angestellten im ländlichen Straßkirchen bei Passau wurde er als Braugehilfe eingestellt. Wir arbeiteten Tag für Tag ohne Unterbrechung, „bis wir halt fertig waren", stellt Kandlbinder rückblickend fest.

Nach der Aufhebung des Bismarckschen Sozialistengesetzes begann sich die Sozialdemokratische Partei wieder neu zu formieren. Schon im Frühjahr 1890 hatte sie einen großen Wahlerfolg im Reich errungen und auch in den bayerischen Großstädten gewann sie wieder verstärkt Mitglieder. Die Sozialdemokraten forderten ebenso wie die Gewerkschaften die Einführung des Acht-Stunden-Tags, das Verbot von Kinderarbeit und ausgebauten Arbeitsschutz.[2] Georg Kandlbinder kannte damals längst diese Ziele der Arbeiterbewegung. Der aufgeweckte junge Mann ertrug nicht mehr stillschweigend die Zumutungen eines

Gemeinde Tiefenbach mit der Kirche St. Margareta und dem Schulhaus um 1950.

Arbeitsalltags, der ihm und seinen Kollegen keinen Feierabend oder ausreichend Sonntagsruhe gewährte und machte seiner Empörung darüber Luft. Er wagte es, sich mit seinem Lehrherrn wegen der langen Arbeitszeit anzulegen und zog den Kürzeren. Es half ihm niemand, denn, „von einer Organisation war damals in den bayerischen Brauereien noch nichts vorhanden", erklärt er.[3] Der Braugehilfe büßte seine Aufmüpfigkeit mit einer Woche Haft in Passau, verlor seinen Arbeitsplatz und musste Straßkirchen verlassen.

Schließlich fand er doch noch einen aufgeschlossenen Brauereibesitzer in Hals (heute ein Stadtteil von Passau), wo er seine Lehrzeit mit gutem Abschluss beenden konnte. Georg Kandlbinder war nun Brauknecht, wie man damals sagte. Vermutlich lernte er Maria, seine spätere Frau, in Hals kennen, die aus der hier eingesessenen Familie Schilleder stammte. Der romantisch an der Ilz gelegene Ort wurde damals noch von vielen Kurgästen besucht und besaß in jenen Jahren ein gutgehendes Wirtshaus mit Brauerei in seiner Ortsmitte.

Brauerei Straßkirchen bei Passau um 1900 – Braubaron Carl Hellmannsberger umgeben von der Belegschaft am Tisch sitzend.

Bis zur Hochzeit des jungen Paares sollten noch einige Jahre vergehen, denn vorerst stand keine feste Arbeitsstelle in Aussicht. Über die frühen neunziger Jahre berichtet uns Georg Kandlbinder: „Nach meiner Lehrzeit schaffte ich in verschiedenen Betrieben, die Verhältnisse waren in den dortigen Brauereien tief traurige. Die Arbeitszeit ist eine unmenschlich lange gewesen, der Lohn ohne Kost hat im Monat 45 Mark, mit Freibier, betragen. In Österreich wurden 30 Gulden bezahlt, auch dort war von einer Sonntagsruhe und geregelten Arbeitszeit nichts zu finden."[4] Trotz eines in Bayern 1891 erlassenen Gesetzes zur Sonntagsruhe blieb es den Brauereibesitzern weiterhin gestattet, auch feiertags so genannte „unaufschiebbare" Tätigkeiten anzuordnen.[5]

*Straßenschild in Hals/Passau. Die Brauerei, in der Georg
Kandlbinder seine Ausbildung zum Braugehilfen abschloss,
stand früher im Ortszentrum neben dem Wirtshaus. In Hals
lernte er Maria Schilleder, seine spätere Frau, kennen. Sein
erster Sohn, Georg Anton, wurde hier geboren.*

In den Sommermonaten musste sich der Brauer Georg Kandlbinder zumeist Arbeit als Hafenarbeiter, als Hilfskraft in der Landwirtschaft oder
am Bau suchen, weil in der warmen Jahreszeit in kleinen Brauereien
immer noch weitaus weniger oder gar nicht gebraut wurde. Das Som-
mersudverbot bestand zwar in den neunziger Jahren nicht mehr, aber
es dauerte noch eine Weile bis alle Brauereien die von Carl von Linde
1876 erfundene Kältemaschine, eine technische Neuerung zur künstli-
chen Eisherstellung und damit zur Haltbarmachung des Bieres, eingeführt hatten. In dieser Umbruchsphase hin zur Industrialisierung und
Rationalisierung entstanden die ersten großen Aktiengesellschaften.
Den kleinen Brauereien, auch vielen um Passau, blieb häufig nichts anderes übrig, als aufzugeben. Georg Kandlbinder musste deshalb weiter
lange nach einem dauerhaften Arbeitsplatz suchen, auch auf der Walz
durch Österreich, die Schweiz und Württemberg ließ sich kein länger-
fristiges Auskommen in seinem erlernten Beruf finden.

II. Bürger von München

1. Brauer im Thomasbräu am Kapuzinerplatz

Wie viele der Arbeit suchenden jungen Leute aus Niederbayern und dem Bayerischen Wald ging Georg Kandlbinder schließlich nach München. Seit der Gründerzeit hatte die Hauptstadt Bayerns als Gewerbestandort immer größere Bedeutung erlangt und um die Jahrhundertwende bereits 500.000 Einwohner. Mit ihren zahlreichen Großbrauereien nahm München zu dieser Zeit eine führende Stellung im Brauwesen ein, so dass sich der junge Braugeselle hier eine Chance erhoffen durfte. Tatsächlich kam ihm nun seine Ausbildung zugute: Er erhielt 1896 endlich die lang ersehnte feste Anstellung in einer damals noch kleinen Brauerei, dem Thomasbräu. So blieb ihm das Schicksal vieler Zuwanderer aus Ostbayern erspart, die in München bald ins Großstadtproletariat absanken.

Die Thomasbrauerei wurde von den Brüdern Ludwig und Eugen Thomass geführt, deren Familie aus Memmingen im Allgäu stammte. Schon der Vater Carl Thomass, von Beruf Goldschmiedemeister, betätigte sich als Unternehmer und war an der Gründung der Löwenbräu AG in München beteiligt.[6] 1901 beschäftigten die Besitzer des Thomasbräu 144, die der Löwenbrauerei bereits 693 Arbeiter. Trotzdem konnte sich die Thomasbrauerei im harten Wettbewerb der Brauereien untereinander durchsetzen und expandieren, weil die beiden Jungunternehmer Mitte der neunziger Jahre als eine der ersten Münchner Brauereien das helle Bier nach Pilsener Art einführten. Eugen Thomass hatte nach langjähriger Ausbildung zum Braumeister einige Jahre in Pilsen gearbeitet und dort das Brauen der neuen Biersorte erlernt. Auch das neu eingeführte Flaschenbier der Brüder verbuchte sofort Erfolge und wurde sogar ein Exportschlager.[7]

Bald konnten die Gebrüder Thomass ihre Produktionsstätte vergrößern und neue Lagergebäude errichten. Die gesamte Anlage mit Kühlkellern

*Hofjuwelier Carl Thomass.
Er war Unternehmer
mit Beteiligungen in der
Braubranche.*

und Malztennen erstreckte sich schließlich über das Areal Tumblinger-, Mai-, Kapuzinerstraße und Kapuzinerplatz 5. Direkt am Kapuzinerplatz wurde das mehrstöckige repräsentative Gebäude im Stil der Deutschen Renaissance errichtet und in dessen Erdgeschoss ein Wirtshaus mit zwei Ausschankstuben eingerichtet. Bis Ende der Zwanziger Jahre war das Gasthaus eine der großen Münchner Versammlungsstätten, wo auch häufig politische Kundgebungen stattfanden.[8] Die heutigen Wirtsleute betreiben im ehemaligen Gebäude der Gebrüder Thomass ein zur Paulanerbrauerei gehörendes gemütliches Gasthaus mit hauseigener Sudstätte, das als Treffpunkt in der Isarvorstadt hochgeschätzt wird.

*Bierbrauerei zum Thomasbräu. Die großen Gebäude standen früher
zwischen Kapuziner- und Tumblingerstraße. Am Kapuzinerplatz steht bis
heute das vierstöckige Gebäude mit Wohnungen und Ausschankstuben. Es wurde
1892/93 von Hans Grässel erbaut. Darstellung um 1911.*

Georg Kandlbinder, der im Thomasbräu in der Brauer- und Mälzereiabteilung tätig war und viele Jahre den Kühlapparat bediente, hielt seinem Unternehmen über 25 Jahre die Treue. Dieses Mal hatte er es mit seinen Arbeitgebern sehr gut getroffen. Die Brüder Thomass zeigten stets großes Verständnis für sein soziales Engagement und stellten ihn dafür immer wieder frei, obgleich das damals noch nicht gesetzlich vorgeschrieben, sondern eine freiwillige Leistung war. Als die Thomasbrauerei 1928 endgültig mit der Aktiengesellschaft Paulanerbräu-Salvatorbrauerei fusionierte und die Produktion an der Kapuzinerstraße aufgegeben wurde, hatte Georg Kandlbinder längst ein anderes Betätigungsfeld in der Braubranche gefunden.

Der Rückhalt einer festen Anstellung machte es möglich, dass der Brauereiarbeiter Georg Kandlbinder endlich die Ehe mit der um zwei Jahre jüngeren Freundin Maria Schilleder schließen konnte. Sie hatte ihm bereits am 6. Mai 1896 einen Sohn, Georg Anton, in ihrem Heimatort Hals geboren. Das junge Paar heiratete am 14. Dezember 1897 nach katholischem Ritus in der Münchner Stifts- und Stadtpfarrkirche St. Bonifaz. Als einer der Trauzeugen fungierte der Verwandte Alois Kandlbinder, bei dem die junge Familie vorerst in Untermiete wohnte.

Erst 1901 konnte sich Georg Kandlbinder eine eigene Wohnung anmieten. Die Familie zog in die Tumblingerstraße und wohnte damit ganz nahe bei den Betriebsgebäuden der Thomasbrauerei, der Arbeitsstelle des jungen Familienvaters. Die Nähe zum Arbeitsplatz war damals ein ausschlaggebendes Kriterium bei der Wahl des Wohnsitzes. Die langen, auch nächtlichen Arbeitszeiten ließen eine zusätzliche Belastung, wie sie anstrengende Anfahrtswege bedeutet hätten, nicht zu. Erst nach der Geburt des Sohnes Richard 1909, dem zweiten und letzten Kind, zog die Familie in eine größere Wohnung in der gleichen Straße, nur einige Hausnummern von der alten Adresse entfernt. Die Wohnung, die gegenüber dem Schlacht- und Viehhof lag, war für eine Arbeiterfamilie erschwinglich, weil sich hier wegen der Geruchsbelästigung der Mietpreis in Grenzen hielt.

Gebäude der Bierbrauerei zum Thomasbräu um 1898.

Ein Arbeitsraum der Thomasbrauerei. Hier wurde das Bier in Flaschen abgefüllt, um 1898.

2. Mitglied in der sozialdemokratischen Partei, in Gewerkschaft und Genossenschaft

Sobald er fest angestellt war, folgte Georg Kandlbinder, der seit seiner Jugendzeit unter den schlechten Arbeitsbedingungen und niedrigen Lohnverhältnissen gelitten hatte, dem Vorbild seiner Kollegen und schloss sich ihrer gewerkschaftlichen Organisation, dem Münchner Brauereiarbeiterverband, an.[9]

Wie Kandlbinder schreibt, waren in dieser „noch ganz schwachen Organisation", nur die gelernten Brauer vertreten, noch nicht die Hilfsarbeiter, Schlosser und Bierfahrer. Was die Arbeitszeiten der Brauer anbelangte, konnten schon kleine Fortschritte verzeichnet werden. Der gelernte Brauereiarbeiter erhielt nun bei 66 bis 70 Stunden Arbeitszeit einen Wochenlohn von 21 Mark. Jeden dritten Sonntag bekam er arbeitsfrei. Pro Tag standen ihm sieben Liter Freibier zu.[10] Es ist anzunehmen, dass diese Mengen an Bier in der Familie Kandlbinder nicht täglich getrunken wurden. Um den Bierkonsum der Arbeiter einzuschränken, hatten die Arbeitgeber eingeführt, den nicht in Anspruch genommenen Freitrank rückzuvergüten. Dies war ein Mehrverdienst, den sich der pflichtbewusste Familienvater bestimmt nicht entgehen ließ.[11]

Die Gewerkschaften gewannen gegen Ende des 19. Jahrhunderts sehr schnell das Vertrauen der Arbeiterklasse. Auch die Brauereiarbeiter organisierten sich zunehmend. Waren 1894 erst 100 von den 2100 Münchner Brauern, damit 4,8 Prozent in einem Verband, so waren es 1899 bereits 500, somit mindestens ein Viertel aller Brauer. Diese Zahlen umfassen alle in München gewerkschaftlich organisierten Brauereiarbeiter. Die christlichen Gewerkschaften spielten zu dieser Zeit noch keine allzu große Rolle.[12] Wohl deshalb trat der vom katholischen Umfeld eines niederbayerischen Dorfes geprägte Kandlbinder einer freien Gewerkschaft bei. Lange seinen Wurzeln treubleibend, hielt er auch an seiner Konfession bis Ende 1925 fest. In einer Zeit, in der freie und christliche Gewerkschaften in harter Konkurrenz standen und heftig gegeneinander polemisierten, trat er schließlich doch noch aus der katholischen Kirche aus.[13]

Zu Beginn des 20. Jahrhunderts suchten dann immer mehr, vor allem gelernte Arbeiter, Anschluss bei der Sozialdemokratischen Partei. Georg Kandlbinder war also ganz im Trend als er ihr 1901, womöglich auf Anraten der Gewerkschaft, beitrat. Es fällt auf, dass zu dieser Zeit 18 Prozent der Parteimitglieder aus der Lebensmittelbranche kamen, zu der unser Brauer gehörte.

Unter ihrem langzeitigen Vorsitzenden Georg von Vollmar wandte sich die Sozialdemokratische Partei in Bayern verstärkt der praktischen Reformarbeit zu. Von politischem Umsturz wie vor dem Bismarckschen Sozialistengesetz war jetzt keine Rede mehr. Die Partei verstand sich nun als Interessenvertretung der Lohnabhängigen und für die Arbeiter waren von da an Partei- und Gewerkschaftsziele identisch. Die Forderungen der Arbeiterbewegung, soziale Verbesserungen wie gerechten Lohn, gute Arbeitsbedingungen, unentgeltliches Gesundheitswesen und eine Neuregelung des Schulwesens durchzusetzen, wurden von Partei und Gewerkschaft gemeinsam vertreten.[14]

1903 schloss sich Georg Kandlbinder auch der Genossenschaftsbewegung an und trat dem Konsumverein Sendling-München bei. Die Konsumgenossenschaften galten, neben der SPD und den Gewerkschaften, als „dritte Säule" der Arbeiterbewegung. Auch sie trugen zur Verbesserung des Lebensstandards der Arbeiterfamilien bei.

Das Engagement für die Ziele von Gewerkschaft, Partei und Genossenschaft bestimmten neben seinem Beruf von nun an zunehmend das Leben des sich schnell in München heimisch fühlenden Brauereiarbeiters.

3. Krankenstand als Chance: Kauf des Bürgerrechts

Im Februar 1904 zog sich Georg Kandlbinder einen komplizierten Schulterbruch zu. Diese schwere Verletzung erlitt er bei einem Sturz von einem großen Lagerfass in der Thomasbrauerei. Elf Monate lang konnte er seiner Arbeit nicht mehr nachgehen. Wie auch damals schon bei Berufsunfällen üblich, war er versichert, so dass seine Familie nicht existentiell gefährdet wurde. Er bekam kostenfreie ärztliche Behandlung, musste allerdings für die Zeit seiner Krankheit mit zwei Drittel seines Lohnes auskommen.[15]

Nach dem Arbeitsunfall „benutzte ich", wie Georg Kandlbinder schreibt, die freie Zeit „zum Lernen und zur Bildung für meine Person, was ich notwendig brauchen konnte."[16] „Wissen ist Macht", das Schlagwort sozialdemokratischer Bildungsarbeit, hatte er bereits verinnerlicht. Wie aus anderen Lebensberichten bekannt ist, las damals kaum einer der bayerischen sozialdemokratischen Funktionäre in München die Schriften marxistischer Theoretiker und so wird sich auch der bildungshungrige, nun 33-jährige Mann anderen Lesestoff vorgenommen haben. Was ihm aufgrund seiner Herkunft und kurzen Schulzeit fehlte, war eine solide Allgemeinbildung. Ob er sich autodidaktisch oder durch Besuch eines lokalen Arbeiterbildungs- oder Lesevereins fortbildete, wissen wir nicht. Möglicherweise besuchte Georg Kandlbinder den Volkshochschulverein, eine von Universitätslehrern gegründete Institution, die von der Gewerkschaft unterstützt und den Arbeitern empfohlen wurde.[17] Die unverschuldeten Versäumnisse aufzuholen, war eine nicht leicht zu bewältigende Aufgabe. Noch aus seinen Erinnerungen, die Kandlbinder im Alter von fast 50 Jahren verfasste, wird deutlich, dass ihm, dem dialektgebundenen Niederbayern, das Aufschreiben seiner Erlebnisse nicht locker von der Hand ging, dass er weitgehend nur Fakten niederschrieb und dabei um sprachliche Gewandtheit ringen musste. Auf theoretische Erörterungen ließ er sich erst gar nicht ein.

Brauer- und Mälzerei-Abtheilung.

J. Aschenbrenner.	F. Schatteburg.	J. Schneidewin.	J. Schmid.
M. Eggersdorffer.	G. Pröls.	L. Zoglmeier.	J. Gerner.
A. Englmeier.	M. Schmid.	L. Wiedmann.	G. Buchhauser.
M. Pregler.	F. Sebald.	O. Eckerl.	J. Besenhart.
M. Umseher.	Th. Mußner.	W. Schuh.	J. Penter.
J. Gleixner.	G. Kandlbinder.	M. Kirmeier.	L. Freundl.
J. Stahl.	P. Ragerer.	J. Degenmeier.	C. Wellinger.
G. Zirl.	L. Wisner.	F. Groll.	F. Lassacher.
F. Sieburg.	J. Ecks.	M. Jäger.	J. Lehrer.
	O. Schrembs.	K. Reyl.	

Die Brauer- und Mälzereiabteilung der Thomasbrauerei im Jahr 1898. Hier arbeitete auch Georg Kandlbinder.

Während seines Krankenstandes fand Georg Kandlbinder endlich die nötige Zeit, sich um die Erlangung des Münchner Heimat- und Bürgerrechts zu bemühen. Dies war die Voraussetzung für eine aktive Beteiligung am politischen Geschehen. Er lebte nun seit über sieben Jahren in der Stadt, lange genug, um Aussicht auf Erfolg zu haben. Behilflich war ihm dabei der Heimat- und Bürgerrechtsverein des Schlachthofviertels, der seinen Sitz im Restaurant Waldau in der Kapuzinerstraße 25 hatte. Nachdem er die für ihn hohe Summe von 85 Mark an die Stadthauptkasse bezahlt hatte, hielt Georg Kandlbinder im August 1904 die vom Magistrat der Stadt München verliehene Urkunde in Händen.[18]

Er gehörte damit zu den etwa 5,8 Prozent aller Bewohner Münchens, die zu dieser Zeit das Bürgerrecht besaßen und ihre Stimme bei der Kommunalwahl abgeben konnten. Da der Kauf des Bürgerrechts für die Lohnabhängigen häufig unerschwinglich war, befanden sich unter den Wahlberechtigten notgedrungen nur wenige Arbeiter. Sie von der Wahl auszuschließen, war der Zweck der hohen Gebühren.[19]

Das Brautpaar: Georg Kandlbinder aus Leithen und Maria geb. Schilleder aus Hals/Passau. Die beiden heirateten 1897 in der Münchner Stiftskirche der Benediktiner St. Bonifaz. Dieses Hochzeitsfoto wurde im Atelier Adalbert Werner in der Elisenstraße aufgenommen.

Die Heiratsurkunde des Brautpaars Kandlbinder, ausgestellt vom Standesamt München I am Petersplatz.

Die Sozialdemokratische Partei, in deren Interesse es lag, dass viele ihrer Mitglieder das Recht erhielten, sich an der Kommunalwahl zu beteiligen, unternahm große Anstrengungen, um die Arbeiter beim Kauf des Bürgerrechts zu unterstützen. Es kostete damals durchschnittlich mehr als die Hälfte eines monatlichen Arbeiterlohns. Deshalb gründete die Partei zusammen mit den Gewerkschaften zahlreiche Heimat- und Bürgerrechtsvereine, von denen es 1913 bereits 20 gab. Schon 1911 war die Zahl derer, die sozialdemokratisch wählten, erheblich gestiegen.

Eine weitere Benachteiligung, welche die Sozialdemokratische Partei bis 1908 hinnehmen musste, lag im bestehenden Wahlsystem der Kommune München. Erst nach der Einführung des Verhältniswahlrechts wirkten sich ihre Wahlerfolge so aus, dass sie die Mitwirkungsmöglichkeiten an der Gemeindepolitik erhielt, die ihr zustanden.[20]

Georg Kandlbinder errang mit dem Status des Bürgers eine Position, die ihn aus der Masse der Arbeiter heraushob. Sein neues Ansehen verschaffte ihm nun die Möglichkeit, als Exponent der Arbeitnehmerinteressen Parteifunktionen und Ehrenämter zu übernehmen.

4. Der Sozialdemokrat Erhard Auer als frühes Vorbild

Als politisches Vorbild für den jungen Kandlbinder kommt der 1874 geborene Erhard Auer in Betracht, der eine zunehmend führende Rolle in der Münchner Sozialdemokratischen Partei spielte. Der um drei Jahre Jüngere gehörte seiner Generation an und stammte ebenfalls aus einem niederbayerischen Dorf in der Nähe Passaus. Er war wie Georg Kandlbinder von einfacher Herkunft, besaß aber den Vorteil, dass zu seiner Familie der Sozialdemokrat Ignaz Auer, ein einflussreicher Abgeordneter im Berliner Reichstag, gehörte. Aufgrund dieser Verbindung fiel er wohl auf, so dass sich der Parteivorsitzende Georg von Vollmar seiner annahm. Der junge Erhard Auer schaffte bald den Aufstieg vom landwirtschaftlichen Arbeiter zum gelernten Kaufmann in München. Mit Hilfe von Abendkursen gelang es dem fleißigen Mann, sich hochzuarbeiten und Kenntnisse anzueignen, die ihm bei seinem politischen Engagement zugutekamen. Bereits mit 24 Jahren als Privatsekretär engster Mitarbeiter Georg von Vollmars, richtete Erhard Auer mit diesem gemeinsam die Sozialdemokratische Partei in Bayern auf realpolitische Ziele aus, die Schritt für Schritt durch Reformen von oben durchgesetzt werden sollten.[21]

Georg Kandlbinder dürfte Erhard Auer spätestens im Münchner Bezirk X (im Schlachthofviertel), wo sie beide wohnten, kennengelernt haben. Es verband sie nicht nur die niederbayerische Heimat und Herkunft aus armen Verhältnissen, sondern auch die traumatische Erinnerung an ihre Jugendzeit, während der jeder von ihnen wegen Aufmüpfigkeit gegen einen Vorgesetzten eine Woche in Haft saß.

Auer war als Bezirkskommissär, Armenpfleger und Vorsitzender der Parteisektion im Schlachthofviertel eine Persönlichkeit, die hier jeder kannte. Als er 1907 erstmals in den Landtag gewählt wurde, trat der im selben Viertel aktiv tätige Georg Kandlbinder Auers Nachfolge in der örtlichen Parteisektion an.[22] Berührungspunkte zwischen beiden gab es auch beim Aufbau und der Organisation der Ortskrankenkasse, wo

SPD und Gewerkschaften fordern den Acht-Stunden-Tag. Zeichnung zum 1. Mai 1902 in der Zeitschrift „Süddeutscher Postillon".

Auer bis 1908 angestellt war und Kandlbinder in den Ausschüssen und später im Vorstand saß.[23]

Erhard Auer, der an der Seite Georg von Vollmars seit 1908 als erster Landessekretär die Politik der Sozialdemokratie in Bayern bestimmte, Abgeordneter des Landtags, 1918/19 Innenminister im Kabinett Eisner, dann nach der Revolution bis zum Ende der Republik Landtagsvizepräsident der SPD war, verkörperte den typischen bayerischen Sozialdemokraten der ersten Jahrzehnte des 20. Jahrhunderts: als Pragmatiker gegen hochfliegende Ideale, als Föderalist für ein bundesstaatliches

Eigenleben und gegen einen zu starken Reichszentralismus, als Traditionalist für die Verwirklichung einer parlamentarisch-demokratischen Staatsform weiterhin mit dem König an der Spitze.

Georg Kandlbinder war ein Sozialdemokrat Auerscher Prägung, dessen Mentalität aus „gutem niederbayerischem Holze", wie die Zeitschrift „Vorwärts" 1907 schrieb, ihm sehr vertraut.[24] Er lief im Kielwasser von Auer und vieles deutet darauf hin, dass er bis Februar 1919 als sein enger Verbindungsmann zwischen den Rätegremien und dem Innenministerium arbeitete. Als die Hoffnung der bayerischen Sozialdemokratie auf die Neugestaltung Bayerns mit dem Attentat auf Auer am 21. Februar

Werte Kollegen und Kolleginnen!

In der Generalversammlung am 17. Januar 1906 wurde allgemein der Wunsch ausgesprochen, für das laufende Jahr einen schriftlichen Bericht allen Mitgliedern zugänglich zu machen, was nun hiemit geschehen ist. Bevor wir auf die Einzelheiten der mannigfachen Tätigkeit innerhalb der Organisation eingehen, halten wir es für angebracht, einen kurzen Ueberblick über die Geschäftslage der Brauereiarbeiter zu geben.

Was zunächst die Konjunktur im allgemeinen betrifft, so ist keine Verschlechterung zu verzeichnen; es ist in mehreren Betrieben ein Aufschwung zu konstatieren. Die rasche Entwickelung der Großbetriebe, welche durch Fusion die kleineren Brauereien verschlingen, und die fortgeschrittene Technik in maschinellen Einrichtungen haben schon einem guten Teil unserer Berufskollegen die Existenz vernichtet.

Aufruf zum Eintritt in den Verband der Brauereiarbeiter: „Die rasche Entwicklung der Großbetriebe ... und die fortgeschrittene Technik in maschinellen Einrichtungen haben schon einem guten Teil unserer Berufskollegen die Existenz vernichtet. Es gibt kein rückwärts, wir müssen vorwärts!" (1906)

1919 jäh beendet war und die politischen Vorgaben sich gänzlich veränderten, wurde es schwer für die Politiker des alten Schlags, auf neuen Wegen die Orientierung zu behalten.

Später taugte Erhard Auer nicht mehr als Leitbild für Kandlbinder. Auers politische Winkelzüge und abgehobener Lebensstil sowie seine falsche Einschätzung der politischen Realität in den dreißiger Jahren passten nicht mehr in das Weltbild des geradlinigen und aufrechten Georg Kandlbinder.

Aufruf der Sozialdemokratischen Partei
zur Gemeindewahl in München in der
„Münchener Post" vom 30. November 1902.

Eine der Verkaufsstellen des Konsumvereins Sendling-München. Verkauft wurde nur an eingeschriebene Mitglieder (um 1900).

III. Aktive Mitarbeit in der Arbeiterbewegung

Georg Kandlbinder engagierte sich ganz im Sinn Erhard Auers in der praktischen Reformarbeit, von der er sich auch nach Rückschlägen nicht abbringen ließ. Als unermüdlicher Mitarbeiter charakterisiert er die besonders erfolgreichen Jahre der Arbeiterbewegung im ersten Jahrzehnt nach der Jahrhundertwende mit dem knappen Satz: Wir sind „durch unsere fleißige und intensive Organisationsarbeit für die Gewerkschaft und Partei rasch vorwärts gekommen."[25] Ihre Mitgliederzahlen in München verdeutlichen den gewaltigen Aufschwung: die der Sozialdemokratischen Partei stiegen in den Jahren zwischen 1905 und 1912 von 5.005 auf 16.800, die der Gewerkschaften von 36.522 auf fast 70.000.[26]

Dieser starke Zuspruch wirkte sich in allen Verhandlungen der Münchner Arbeiterbewegung mit Staat, Gemeinde und Arbeitgeberverbänden positiv aus und das neue Konzept, Reformen anzustreben und auf Konfrontation zu verzichten, trug zu den großen Erfolgen in der Sozial-, Wirtschafts- und Kulturpolitik bei. Zudem förderte eine geschickte Organisationsform die Entwicklung der Münchner Gewerkschaften und ihrer auf enge Zusammenarbeit mit der sozialdemokratischen Partei ausgerichteten Politik: die circa 40 Einzelgewerkschaften in München schlossen sich unter Leitung des Gewerkschaftsvereins zu einem Kartell zusammen, womit ein gewerkschaftlich-sozialdemokratisches Machtmonopol geschaffen wurde, das den Einfluss von überörtlichen Zentralgewerkschaften und Berliner Parteiführung abschwächen konnte. Ein liberales Klima in der bayerischen Staatsregierung und der Stadt

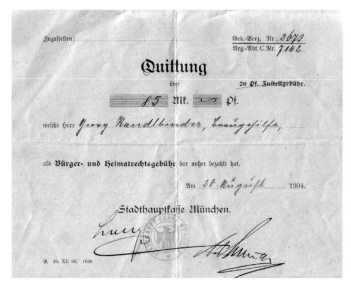

1904 bezahlte Georg Kandlbinder 85 Mark, um das Heimat- und Bürgerrecht in München zu erhalten.

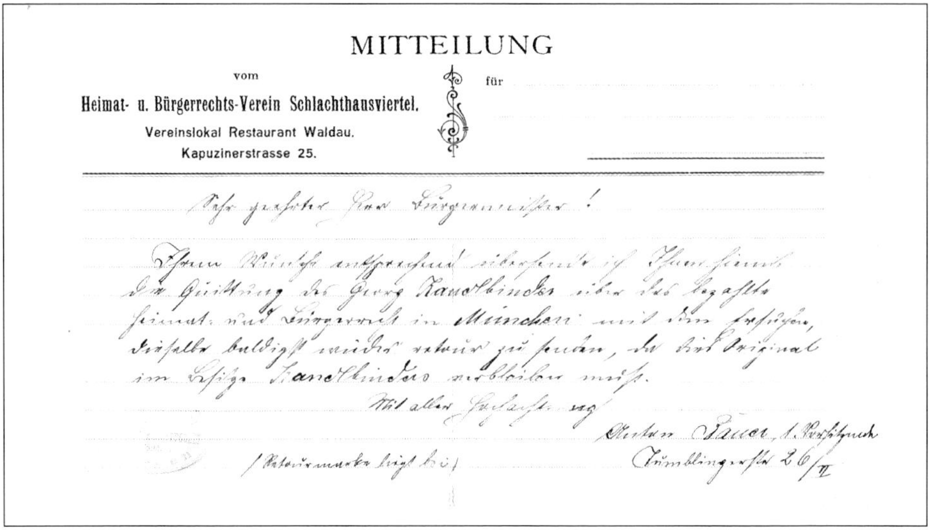

MITTEILUNG

vom · für

Heimat- u. Bürgerrechts-Verein Schlachthausviertel.

Vereinslokal Restaurant Waldau.
Kapuzinerstrasse 25.

Sehr geehrter Herr Bürgermeister!

[handschriftlicher Text]

Als Bürger von München gehörte Georg Kandlbinder zu den 5,8 Prozent der Bewohner der Stadt, die um 1904 bei der Kommunalwahl abstimmen durften.

München beförderte die Bestrebungen der organisierten Arbeiterschaft in dieser fruchtbaren Aufbauphase bis zum Ersten Weltkrieg.

In der Sozialpolitik betätigte sich die Münchner Arbeiterbewegung besonders erfolgreich: hervorzuheben sind ihre Leistungen im Krankenkassenwesen, in der Gewerbegerichtsbarkeit, im Aushandeln von Tarifverträgen, beim Arbeiterschutz und bei der Personalbesetzung des Arbeitsamtes.[27] Im schon 1897 in München eingerichteten Arbeitersekretariat half man dem einzelnen Arbeiter, sich mit den neuen Institutionen zurechtzufinden. Die langjährigen Arbeitersekretäre Johannes Timm und Alois Mühlbauer gaben in allen sozialpolitischen Fragen, besonders im Versicherungs- und Rechtswesen, Auskunft und hielten die Arbeiter in der einschlägigen Presse auf dem Laufenden.[28]

Der große Erfolg der Arbeiterbewegung in diesem Jahrzehnt war den vielen bisher chancenlos gebliebenen jungen Menschen zu verdanken, die begeistert ihre Kraft einsetzten, um die sozialdemokratischen Ziele wie mehr Gerechtigkeit und Demokratie zu verwirklichen. Sie nahmen

*Erhard Auer (1874-1945) war ab 1907
SPD-Abgeordneter im Bayerischen Landtag,
ab 1918 Landesvorsitzender der SPD, unter
Kurt Eisner Innenminister, zeitweise Land-
tagsvizepräsident und von 1930 bis 1933
Mitglied des Stadtrats.*

in ihrer geringen Freizeit an parteipolitischen Schulungen teil und ließen sich rhetorisch und fachlich gut ausbilden. So stand bald eine große
Anzahl von Funktionären zur Verfügung, die als Organisatoren und
Versammlungsredner eingesetzt werden konnten. Als Beispiel: 1908
arbeitete jedes 15. Mitglied der sozialdemokratischen Partei in einem
staatlich-kommunalen Gremium oder in einer Einrichtung der Selbst-
verwaltung aktiv mit, das heißt, dass von 9.800 Mitgliedern etwa 600
politisch tätig waren und die Aufbauarbeit mitgestalteten.[29] Einer dieser Funktionäre war der gebürtige Niederbayer Georg Kandlbinder.

Freiheit, Gerechtigkeit, Brot und Bildung für alle!

Schutz den Schwachen!

Wähler Münchens!

Wenn die Aufgaben der Gemeindeverwaltung in einer für das Volk gedeihlichen Weise gelöst werden sollen,

Wenn dem **Wohnungswucher** wirksam Einhalt geboten werden soll,

Wenn die Pflichten der Gemeinde in bezug auf **Nahrungsmittelversorgung** erfüllt werden sollen,

Wenn der **Ausbau des Strassenbahnnetzes** in zweckentsprechender Weise gefördert werden soll,

Wenn in bezug auf **Kunst, Schule** und **Jugendfürsorge** München mustergiltig werden soll,

dann sorgt für Vermehrung der sozialdemokratischen Vertreter!

Gebt Euere Stimme nur den

Kandidaten der sozialdemokratischen Partei.

Der Aktionsausschuß der sozialdemokratischen Partei.

V. A.: Konrad Knieriem.

Wahlplakat der sozialdemokratischen Partei von 1908.

1. Im Brauereiarbeiterverband: Tarifverträge statt Arbeitskämpfe

Ein vorrangiges Ziel der Arbeiterbewegung bestand darin, endlich feste Arbeitsverträge mit bindenden Lohn- und Arbeitszeiten zu erreichen. Die Gewerkschaftsführung erkannte, dass das bisherige Kampfinstrument für bessere Arbeitsbedingungen, der Streik, wegen zu großer finanzieller Schäden auf Seiten von Arbeitgebern und -nehmern, nicht zu den gewünschten Resultaten geführt hatte. Die Streikbewegungen sollten nun durch rechtzeitige Vermittlung zwischen den Kontrahenten vermieden werden. Aufgrund ihrer derzeitigen Stärke und einer guten Konjunkturlage brachten die Gewerkschaften ihr Vorhaben jetzt durch und erreichten Lohn- und Arbeitsregelungen, die von beiden Seiten akzeptiert werden konnten. Zwischen 1905 und 1908 wurden bereits drei Viertel aller in festen Arbeitsverhältnissen stehenden Arbeiter in München nach allgemein gültigen Tarifen bezahlt.

Werfen wir einen Blick auf das in der Residenzstadt wirtschaftlich blühende Braugewerbe, das in Zusammenhang mit dem Lebensweg des

Brauers Georg Kandlbinder eine entscheidende Rolle spielt: Im Jahr 1907 arbeiteten circa 10 Prozent der Arbeiter in den hiesigen Brauereien, das waren 7.500 von insgesamt 70.000 bis 80.000 Münchner Arbeitern.[30] Der Brauereiarbeiterverband, der in diesem Jahr ungefähr 2.500 Brauereiarbeiter vertrat, bewies bei den Verhandlungen mit den Brauereibesitzern besondere Durchsetzungskraft. Dies war darauf zurückzuführen, dass dieser Verband – als einer von wenigen – bereits von zwei hauptamtlichen Geschäftsführern geleitet wurde. Georg Kandlbinder arbeitete, bis er selbst in die Geschäftsführung im Jahr 1922 aufstieg, ehrenamtlich eng mit ihnen zusammen und profitierte mit seinen Kollegen im Thomasbräu von den gewerkschaftlichen Erfolgen.

Mit dem ersten Tarifvertrag, der am 10. November 1904 abgeschlossen werden konnte, erhielten die Brauer einen Mindestlohn von 24 Mark wöchentlich – deutlich mehr als früher. Auch die Tagelöhner und Flaschenfüller bekamen mit diesem Vertrag eine Lohnerhöhung. Die tägliche Arbeitszeit für Brauer wurde nun auf zehn Stunden Arbeits- und 13 Stunden Präsenzzeit begrenzt. In der Folgezeit konnten weitere kleine Fortschritte erzielt werden, den größten aber brachte der Tarifvertrag vom 30. Januar 1919, der nach dem Sturz der Monarchie in der Zeit der Räteherrschaft durchgesetzt wurde: Jetzt betrug die reine Arbeitszeit nur noch 8,5 Stunden, Samstags 5,5 Stunden.[31]

3. Löhne.

Die Mindestlöhne betragen für

		pro Woche
a) Braugehilfen		24.— M.
b) Schäffler		25.— „
c) Maschinisten		25.— „
d) Heizer		22.— „
e) Schlosser, Schmiede, Kupferschmiede, Spengler und Sattler		22.— „
f) Bierführer		21.— „
g) Reservebierführer		19.— „
h) Schienknechte und Stallwärter		18.— „

Der Tarifvertrag vom 10. November 1904 (Ausschnitt). Nach fast einjährigen Verhandlungen gelang es dem Brauereiverband, mit den Brauereibesitzern zum ersten Mal einen Tarifvertrag abzuschließen.

Ausschnitt aus den Vorschriften zur Bildung der Schöffen- und Schwurgerichte: „weder Vermögensbesitz, noch ein bestimmter Bildungsgrad" sind Voraussetzung für das Amt des Schöffen oder Geschworenen (Münchener Jahrbuch, Kalender für Büro, Kontor und Haus, 1914).

2. Schlichter beim Gewerbegericht

Für die Einhaltung der Arbeitsverträge mitverantwortlich, legten die Gewerkschaften zur Regelung der tarifvertraglichen Auseinandersetzungen einen Instanzenweg fest, der vom Betrieb über das Schlichtungsverfahren bis zum Gewerbegericht (ein Vorläufer des 1927 entstandenen Arbeitsgerichts) führte. Per Reichsgesetz 1890 eingeführt, sollte das Gewerbegericht den normalen, sich oft hinschleppenden Rechtsweg ergänzen und Streitigkeiten zwischen Arbeitgebern und -nehmern zügig abwickeln, die bei der Lohn- und Arbeitszeitregelung, dem Versicherungsschutz, bei Einstellung und Entlassung, bei Einträgen in Arbeitsbücher und Zeugnisse, sowie hinsichtlich Sicherheits- und Betriebsvorschriften auftraten. Dabei verbesserten geringe Kosten, auch durch Wegfall des Rechtsanwaltzwanges, und eine niedrige Streitwertuntergrenze die Rechtssituation der Arbeiter erheblich.

Für die sehr begehrten und mit Spesengeld verbundenen Beisitzerposten des Gewerbegerichts wurde man auf Arbeitnehmer und -geberseite gewählt. Als Gewerkschafter und Sozialdemokrat vertrat Georg Kandlbinder häufig seinen Verband in dieser Position und erstattete dann vorschriftsmäßig dem Gewerkschaftskartell Bericht über den verhandelten Fall. Diese Überprüfung der Beisitzer fand statt, um zu gewährleisten, dass sie sich auch wirklich für die Arbeiter einsetzten.[32]

Eine zusätzliche Bedeutung erhielt das Gewerbegericht in seiner Funktion als „Einigungsamt". Schon im Vorfeld sollten hier Streitigkeiten zwischen Arbeitgebern und Gewerkschaftsführern gütlich beigelegt werden. Georg Kandlbinder wurde mehrmals in der Woche von der Thomasbrauerei freigestellt, um im Einigungsamt und Schlichtungsausschuss mitzuwirken. Dass auch die Arbeitgeber die Gewerkschaften bei der gütlichen Konfliktlösung unterstützten, zeigt das Verhalten der Gebrüder Thomass, die seine Tätigkeit als Schlichter „in anerkennenswerter Weise" unterstützten und keinen Lohnausfall für die fehlende Arbeitszeit berechneten.[33]

Auch an anderen Münchner Gerichten, wie dem Amtsgericht oder dem oberbayerischen Schwurgericht wurden Sozialdemokraten und Gewerkschafter zugezogen, was dem Bestreben der organisierten Arbeiterschaft, mehr Mitbestimmung in Staat und Gesellschaft zu erreichen, entgegenkam. Für Georg Kandlbinders gesellschaftliches Ansehen spricht, dass er des Öfteren für das Ehrenamt als Schöffe und Geschworener dieser Gerichte ausgewählt wurde.

3. Im Vorstand der Ortskrankenkasse München

Seit 1904 nahmen die organisierten Arbeiter aktiv am Ausbau der Ortskrankenkasse (OKK) teil. Auch hier war Georg Kandlbinder von Anfang an dabei. Mit der Stadt als Aufsichtsbehörde wurden die bis dahin nach Berufssparten gegliederten zehn Kassen zu einer „Ortskrankenkasse München" zusammengeschlossen. Damit hoffte man, eine effizientere Finanzierung der Leistungen zu erreichen, da nun per Reichsgesetz eine Verlängerung der Unterstützungsdauer der Kranken auf 26 Wochen, der Wöchnerinnen auf sechs Wochen festgelegt worden war. Es war ihrer geschickten Taktik zuzuschreiben, dass die freien Gewerkschaften 1904 14 Leute aus den eigenen Reihen in den Vorstand der Kasse wählen konnten. Auf der Arbeitgeberseite, die sieben

Vertreter stellte, wurden ebenfalls einige sozialdemokratische Unternehmer lanciert. Der erste Vorsitzende der Münchner Kasse, nun eine der größten Ortskrankenkassen des Deutschen Reichs, war bis 1913 Sebastian Witti. Er war seit 1906 auch Gemeindebevollmächtigter für die Sozialdemokratische Partei.[34]

Durch die Mitgestaltungsmöglichkeit in dieser eigenverwalteten Institution konnten die Arbeiter, die wie Georg Kandlbinder entweder als langjähriges Mitglied der Generalversammlung oder des Vorstands der Kasse fungierten, Erfahrung in verantwortungs-

Das Verwaltungsgebäude der Ortskrankenkasse München war von 1907 bis 1911 in der Westenriederstraße 21.

voller korporativer Tätigkeit sammeln. Die weitgehend von Partei und freien Gewerkschaften bestimmte Personalbesetzung der Ortskrankenkasse (OKK) brachte den Vorteil mit sich, dass parteilich stark beanspruchte Genossen in sichere Positionen als Angestellte zu platzieren waren.[35] So war zum Beispiel Erhard Auer, die rechte Hand Georg von Vollmars, zwischen 1900 und 1907 bei der OKK fest angestellt. Georg Kandlbinder blieb trotz allem Engagement seinem Beruf als Brauer treu und übernahm die Tätigkeit bei der Kasse ehrenamtlich. Vier Jahre, von 1910 bis 1913, gehörte er dem Vorstand der Ortskrankenkasse an. 1912 hatte die OKK München bereits 145.000 Krankenversicherte, vor allem festangestellte Arbeiter und Gehilfen. Mit einer neuen Reichsversicherungsordnung erweiterte sich der Kreis der Pflichtversicherten. Weil das mehr Verwaltungsarbeit bedeutete und die bisherigen Räume in der Westenriederstraße in der Innenstadt nun nicht mehr

Ab 1912 residierte die AOK München in der Maistraße.
Architekt des Verwaltungsgebäudes war Karl Vent, die Bau-
ausführung stammte von Heilmann & Littmann.

ausreichten, ließ die OKK unter dem Sozialdemokraten Sebastian Witti ein repräsentatives Verwaltungsgebäude an der Maistraße errichten. Dieser Neubau lag im Bezirk X, in dem Gewerbe- und Arbeiterviertel, in dem Kandlbinder lebte und arbeitete. Von seiner Wohnung und seinem Arbeitsplatz war er, wenn er gebraucht wurde, in wenigen Minuten im Gebäude der Krankenkasse in der Maistraße.

Als 1914 durch Reorganisation die AOK, die „Allgemeine Ortskrankenkasse München (Stadt)" entstand, ging der Einfluss der freien Gewerkschaften zugunsten der christlichen Gewerkschaften etwas zurück. Die freien Gewerkschaften stellten nun neun Vorstandsmitglieder, fünf weniger als vorher. Dazu gehörten weiterhin namhafte Gewerkschafter und Sozialdemokraten wie Andreas Jakob, Gemeindebevollmächtigter und Verbandsvorsitzender der Brauer- und Mühlenarbeiter, Gustav Schiefer, der spätere Vorsitzende des Münchner Gewerkschaftskartells, Ferdinand Mürringer, Verlagsdirektor der „Münchener Post", und Joseph Kurth, Gewerkschaftssekretär. Nach dem Ende der Monarchie 1918 konnte sich der noch in der Zeit nach dem Zweiten Weltkrieg

Der Vorstand der Ortskrankenkasse München mit dem Vorsitzenden Sebastian Witti und Andreas Jakob, Gustav Schiefer, Ferdinand Mürriger und Georg Kandlbinder (Verwaltungsbericht der Ortskrankenkassen für München von 1912).

Im Jahr 1912, beim Umzug von der Westenriederstraße in der Altstadt weg in die Maistraße 43, bedauerten die Angestellten der Kasse, dass ihr Arbeitsplatz nun nicht mehr direkt im Zentrum der Stadt liegt. Seit dem Verkauf dieses Gebäudes in der Maistraße im Jahr 2003 an eine Baugesellschaft befindet sich die AOK in der Landsberger Straße und damit noch ein erhebliches Stück weiter von der Stadtmitte entfernt.

Georg Anton (1896-1946), der älere Sohn von Georg Kandlbinder im Alter von etwa 20 Jahren. Er arbeitete von 1919 bis 1933 bei der AOK.

politisch tätige Gustav Schiefer als Vorsitzender (bis 1933) durchsetzen. Auch im Delegiertenausschuss, der den Vorstand wählte, saßen nach 1913 noch Gewerkschafter, so Sebastian Witti bis 1919 und Georg Kandlbinder bis 1933.[36]

Offiziell über das Arbeitsamt, wohl aber auch seine Beziehungen, brachte Georg Kandlbinder seinen gerade aus englischer Gefangenschaft heimgekehrten Sohn Georg Anton 1919 in der AOK unter. Die Personalbesetzung des Arbeitsamtes war wie die der AOK seit der Jahrhundertwende Domäne von Gewerkschaft und Sozialdemokratischer Partei.

Als 1913 die Stadt München ein Versicherungsamt als Aufsichtsbehörde über die Kassen einrichtete, wurden dessen Ausschüsse ebenfalls paritätisch besetzt. Auch hier war Kandlbinder auf Vorschlag der Gewerkschaft bis zum Krieg Ausschussmitglied auf Arbeitnehmerseite.[37]

Gedenktafel in der Pestalozzi-straße. Sie erinnert an das Gewerkschaftshaus, das im Zweiten Weltkrieg zerstört wurde.

4. Im Gewerkschaftshaus, der „Arbeiterburg" an der Pestalozzistraße

Ihre zunehmende Präsenz in der Landes- und Stadtregierung verdankte die bayerische Sozialdemokratische Partei der starken und geschlossenen Arbeiterbewegung. Bereits bei den Reichtagswahlen von 1890 hatten die Sozialdemokraten beide Münchner Wahlkreise erobert. Auch in der Zweiten Kammer des bayerischen Landtags stieg die Zahl ihrer Mandate von fünf im Jahr 1893 auf 30 im Jahr 1912. Damit bildete sie die größte sozialdemokratische Fraktion in einem deutschen Landtag.

Seit 1908 – nach der Einführung des Verhältniswahlrechts – gewannen die Sozialdemokraten auch in der Kommune München immer mehr an Einfluss. 1914 stellten sie bereits die stärkste Fraktion im Gremium der Gemeindebevollmächtigten und auch einige ehrenamtliche Magistrats-räte. Die bis dahin bestehende bürgerlich-liberale Dominanz im poli-tischen Leben Münchens war damit erstmals gebrochen.[38]

In der bayerischen Landeshauptstadt, die im ersten Jahrzehnt des 20. Jahrhunderts zu einem Zentrum der Arbeiterbewegung geworden war, gehörten 51,2 Prozent der Münchner Arbeiter den freien Gewerk-schaftsverbänden an (Stichjahr 1911).[39] Sichtbarer Ausdruck dafür wurde das 1912 an der Pestalozzistraße 40/42 errichtete, repräsentative vierstöckige Gewerkschaftshaus. Hier befanden sich die Büros des Sozialdemokratischen Vereins und der freien Einzelgewerkschaften, so auch des Brauereiarbeiterverbands, für den Georg Kandlbinder tätig war. Außerdem firmierten unter dieser Adresse eine Versicherung (die „Volksfürsorge"), eine Bank, das Arbeitersekretariat und andere gewerkschaftseigene Betriebe. Alle diese Organisationen arbeiteten für die gleichen politischen und sozialen Ziele, was sich auch in ihrer personalen Vernetzung zeigte. Die sowohl der Gewerkschaft wie der Partei angehörenden Thomas Wimmer, Gustav Schiefer, Franz Schmitt und Johannes Timm, um nur einige zu nennen, arbeiteten in diesem Gebäude und gingen wie Georg Kandlbinder hier ein und aus.

Zur so genannten „Arbeiterburg" an der Pestalozzistraße gehörte auch eine große Zentralbibliothek. Ihr Bücherbestand, der Unterhaltungs- und wissenschaftliche Literatur umfasste, kam aus der früheren Bibliothek des 1906 gegründeten Arbeiterbildungsvereins Vorwärts, aus den Bibliotheken der Gewerkschaften und des Sozialdemokratischen Vereins München. 1919 wurde hier sogar eine Lesehalle eingerichtet, die nicht nur den organisierten Arbeitern, sondern auch der breiten Öffentlichkeit offen stand. Nach dem Motto Aufklärung und Bildung für alle, sollte hier jedermann seinen Wissenshunger stillen können. Die Absicht, die „Arbeiterkultur" nicht von der allgemeinen bürgerlichen Kultur zu isolieren, sondern alle Schichten zusammenzubringen, verfolgten auch die Mitglieder des Münchner Volkshochschulvereins und des Vereins der Volksbühne.[40]

5. Sektionsführer des Sozialdemokratischen Vereins im Schlachthofviertel

Der Münchner Bezirk X, das Schlachthofviertel (heute Isarvorstadt) blieb bis 1918 Georg Kandlbinders ausschließlicher Wirkungskreis. Bis dahin gehörte er nicht zur obersten Führungsriege seiner Partei, nicht zu den Mandatsträgern in Landtag und Stadtrat, die sich zumeist aus ihrer sozialen Bindung, der Zugehörigkeit zur Arbeiterklasse, lösten. Im Stadtviertel, in dem er wohnte und arbeitete, führte er ab 1907 auch die Sektion 14 des Sozialdemokratischen Vereins. Er übernahm den Vorsitz über die 200 Mitglieder umfassende Sektion in der Nachfolge von Erhard Auer, der in die Parteispitze aufrückte.

Bereits seit 1898 hatte der „Sozialdemokratische Verein München" die Organisation der Parteimitglieder übernommen. Die einzelnen Sektionen und Ortsvereine, die aus bisher selbständigen Gruppen hervorgegangen waren, standen nun alle unter diesem Hauptverein und die Sektionsführer, 1907 gab es 24 in München, wurden in ihrem Stadtviertel direkt gewählt und gehörten zu einer Art Gesamtvorstand der Münchner Sozialdemokraten. Die Richtlinien bestimmte aber nur der engere, einmal jährlich auf einer Generalversammlung gewählte Vorstand.

In der Zuständigkeit der Sektionen lag die Bildungsarbeit, sprich die Verbreitung des sozialdemokratischen Gedankenguts. Den Sektionsführern verblieb auch die schwierige Aufgabe, die Interessen von Parteispitze und Parteibasis in Einklang zu bringen und den von der Parteiführung bestimmten Reformkurs nach unten durchzusetzen. Aktionen anderer Art waren den Sektionen aufgrund des Vereinsgesetzes verboten. Die Polizei ließ ihre Versammlungen regelmäßig überwachen und ihre Aktivitäten in Protokollen festhalten.[41]

Als Sektionsführer zur mittleren Führungsschicht der Sozialdemokraten in München gehörend, konnte Georg Kandlbinder während seiner zehnjährigen Tätigkeit in dieser Funktion Routine in Menschenführung, in Moderations- und Diskussionsleitung und in Organisation

Die Dreimühlenstraße im Schlachthofviertel um 1920. In den Miet-
wohnungen lebten kinderreiche Arbeiterfamilien. Als das Foto entstand,
waren die Männer auf Arbeit in den hier zahlreich vorhandenen Indus-
triebetrieben, wie etwa der Optischen Fabrik Joseph Rodenstock oder der
Handschuhfabrik Roeckl.

von Wahlen erwerben. Dabei lernte er die Interna der Partei kennen
und konnte sich ein funktionierendes Netzwerk schaffen. Die Teilnahme an Parteiveranstaltungen im ganzen deutschen Reich, zu denen er
als Delegierter geschickt wurde, erweiterten seinen Gesichtskreis.
Als solcher nahm Georg Kandlbinder an der schicksalsträchtigen
Reichskonferenz in Berlin teil, in deren Folge es wegen Auseinandersetzungen über die Kriegspolitik 1917 zur Spaltung der Sozialdemokratischen Partei kam. Dieser folgenschwere Bruch, „wo die Einheit der
Partei in Trümmer gegangen ist", wie Georg Kandlbinder schreibt, be-
lastete ihn sehr und bestimmte sein zukünftiges politisches Engagement.
Es gab nun zwei Flügel, die Mehrheitssozialdemokraten (MSP) und die

Unabhängigen Sozialdemokraten (USP), wobei sich die freien Gewerkschaften und somit auch Georg Kandlbinder zur MSP bekannten. In den Gewerkschaftsversammlungen blieben jedoch häufige Differenzen zwischen beiden Parteiflügeln nicht aus und erschwerten die Verhandlungen.[42] Ein Hauptanliegen seines zukünftigen Wirkens blieb es deshalb, die sozialdemokratischen Parteien wieder zusammenzuführen.

Georg Kandlbinder, der nach dem Krieg in höhere Funktionen aufstieg, blieb bis zum 25. April 1930, seinem Wegzug aus dem Schlachthofviertel, führendes Mitglied seiner Sektion und beteiligte sich bis dahin immer wieder an den dort abgehaltenen Diskussionsabenden. Sein Sohn Georg Anton, der sich seit 1919 hier Verdienste erworben hatte, hielt der Sektion im Schlachthofviertel noch bis 1933 die Treue.[43]

6. Ein großes Ehrenamt: Armenpfleger der Stadt München

Georg Kandlbinder war zu Beginn des Ersten Weltkrieges 43 Jahre alt, also kein junger Mann mehr. Da er aus gesundheitlichen Gründen keine militärische Ausbildung erhalten hatte, blieb ihm glücklicherweise der Kriegsdienst erspart.

Der neben seinem Beruf viele Ehrenämter ausübende, rastlos tätige Brauer verbrachte die Kriegsjahre als ein in sozialdemokratischer Partei und Gewerkschaft hoch angesehener Bürger in München. Sein soziales Ansehen eröffnete ihm nun auch den Zugang zum Amt des Armenpflegers.

Weil es um die Verteilung kommunaler Gelder an Bedürftige ging, hatte es lange gedauert, bis das Bürgertum dieses Amt auch Sozialdemokraten anvertraute. Bis 1908 gelang es kaum, Armenpfleger aus ihren Reihen

Georg Kandlbinder im Alter von 45 Jahren mit seinem jüngeren, hier sieben Jahre alten Sohn Richard. Dem Vater blieb der Einsatz an der Front erspart. Sein älterer Sohn Georg Anton hingegen, der in England im Gaststättengewerbe lernte, geriet in Zivilgefangenschaft. Das Foto wurde dem älteren Sohn als Postkarte nach England geschickt. Rechts: „Lieber Schorschl!" Die Rückseite der Karte (26. Juni 1916).

gegen die liberalen Parteien durchzusetzen. Erst in den schlechten Zeiten vor und während des Kriegs wurden vermehrt Arbeiter in dieses Ehrenamt geholt. 1914 betätigten sich in München 1.300 Bürger und Bürgerinnen in der Armenpflege, davon waren immer noch nur 7 Prozent Sozialdemokraten. Dieses hoch angesehene Ehrenamt, das Georg Kandlbinder 1916 bis 1919 übertragen wurde, galt häufig als Sprungbrett zu einer kommunalpolitischen Karriere.[44] Er aber ging einen anderen Weg.

In den schweren Notzeiten im und noch nach dem Krieg lernte Georg Kandlbinder als Armenpfleger die in der Großstadt herrschende Armut der Kriegerwitwen und -waisen, der Soldatenfamilien, der Invaliden, der Arbeitslosen, der Rentner und unversorgten Alten in seinem Viertel aus nächster Nähe kennen. Die seit 1914 bestehende Kriegserwerbslosenfürsorge reichte bei weitem nicht für die Betroffenen aus.[45] Auch war es Kandlbinder als offiziellem Armenpfleger der Stadt nicht möglich, allen unter Wohnungsnot und Hunger leidenden Menschen in gleicher Weise zu helfen. Die Unterstützungsleistung, die er in seiner Funktion vergeben konnte, hing zwar seit 1916 nicht mehr vom Besitz des Heimat- und Bürgerrechts ab, unterlag aber doch allerlei Beschränkungen. So kamen die Bedürftigen nicht in den Genuss der städtischen Wohlfahrtsgelder, wenn nicht alle anderen Möglichkeiten, wie Unterstützung durch die Familie oder private Vereine, ausgeschöpft waren. Dem Gerechtigkeitssinn Kandlbinders dürfte dies sehr zuwidergelaufen sein. Wie stark mögen ihn wohl Zweifel am langsamen Reformkurs seiner Partei heimgesucht haben?

Als einer, der die Nöte und Sorgen der Arbeiterfamilien aus eigener Anschauung bestens kannte, wusste Kandlbinder wie dringend die Familien jetzt auf finanzielle Hilfe angewiesen waren. Es rächte sich bitter, dass – trotz mehrmaliger Ansätze – bisher keine staatliche Arbeitslosenversicherung gegründet worden war. Dieses Versäumnis ließ sich immer weniger ausgleichen, auch gewerkschaftliche und private gemeinnützige Hilfsaktionen konnten bei zunehmender Teuerung kaum mehr die Not beheben. Bis 1916 waren noch zahlreiche Stiftungen zur Linderung der Kriegsauswirkungen ins Leben gerufen worden, unter anderen die Stiftung des Unternehmers Carl Thomass mit einer Einlage von 100.000 Mark.

Aber in den langen Kriegsjahren verbrauchte sich die Bereitschaft zu helfen. Ende 1917, als sich die Lebenshaltungskosten um 30 bis 40 Prozent erhöhten, die Ärzte auch von den Bedürftigen Gebühren verlangen mussten und die Vermieter ihre Mietnachlässe zurückzogen, verschlimmerte sich die wirtschaftliche Situation für die Bevölkerung noch weiter.[46]

Soziales Empfinden (Zeichnung von R. Grieß)

„Nicht wahr, es ist doch herrlich, dieses Erwachen der Natur!“ — „Ja, und außerdem kostet's nichts. Da braucht man sich auch keine Gewissensbisse darüber zu machen, daß die armen Teufel sich diesen Genuß nicht leisten können!“

7. Als Organisator im Konsumverein Sendling-München

Georg Kandlbinder verstärkte in den Kriegsjahren sein Engagement beim Konsumverein Sendling-München, einem genossenschaftlich organisierten Verein, der Waren im Großen günstig einkaufte. Sie konnten deshalb zu niedrigeren Preisen als in den damals üblichen kleinen Kramerläden an die Verbraucher weitergegeben werden. Dies war sehr hilfreich für die Arbeiterfamilien, deren knappes Budget selten ausreichte.

Im Lauf seines Bestehens entwickelte sich der 1886 von Arbeitern nach bürgerlichem Vorbild gegen Ende des 19. Jahrhunderts gegründete Konsumverein Sendling-München zu einem wirtschaftlichen Machtfaktor. Als Kandlbinder ihm im Jahr 1903 beitrat, hatte er 5.086 Mitglieder, 15 Jahre später bereits 47.559. 1918 belief sich sein Umsatz auf 25,8 Millionen Mark.

Für die Bewohner des Stadtbezirks 10 war der Einkauf in der Genossenschaftszentrale an der Lindwurmstraße mit großen Mühen verbunden, weil die Waren zu Fuß nach Hause geschafft werden mussten. Nach dem Vorbild anderer Stadtviertel, in denen es schon Filialen gab, errichtete Kandlbinder eine neue Verkaufsstelle an der Kapuzinerstraße, ganz nah bei seiner Wohnung und den Betriebsanlagen des Thomasbräus. Damit vereinfachte sich der Einkauf für die Arbeiterfamilien des Viertels erheblich. Als erfolgreicher Organisator dieses neuen Kettenladens wurde er 1911 in den zentralen Genossenschaftsrat des Konsumvereins München-Sendling gewählt und erhielt damit die Aufsicht über den ordnungsgemäßen Ablauf von Einkauf und Verkauf. Immer mehr wies sich der Brauer Georg Kandlbinder als Fachmann für Lebensmittelfragen aus.

Die Konsumgenossenschaft Sendling-München vermehrte ihre Filialen zwischen 1911 und 1930 von 30 auf 126 Filialen und erweiterte ihre Leistungspalette: Die Mitglieder erhielten jährlich prozentuale Rückerstattungen auf den eingekauften Warenwert, was sich in etwa wie heute ein 13. Gehalt auswirkte. Bei längerfristiger Arbeitslosigkeit wurden

Die Kluft zwischen Arm und Reich war groß. Nicht viele waren bereit, zu helfen. Eine Karikatur aus dem „Simplicissimus" im Juni 1914.

Der Krieg forderte seine Opfer. Der Müller Franz Xaver Nothaft starb wie 13.000 Münchner den „Heldentod fürs Vaterland". Er wurde 28 Jahre alt und hinterließ eine Frau mit einer siebenjährigen Tochter und einem fünfjährigen Sohn. Todesanzeige 1917.

Unterstützungsgelder gewährt und in Zeiten der Not auch Zahlungsaufschub. Diese Hilfe und die Versorgung mit erschwinglichen Lebensmitteln rettete manche Arbeiterfamilie über die Kriegsjahre hinweg.

Die Tätigkeit für die Konsumgenossenschaft Sendling-München, die bei Kriegsbeginn die zweitgrößte in Süddeutschland war und etwa ein Drittel der Münchner Bevölkerung versorgte, forderte während der folgenden Jahre von Kandlbinder größtmöglichen Einsatz. Durch die englische Seeblockade, die Abschnürung der Lebensmittelimporte und durch den zunehmenden Mangel an Arbeitskräften und Pferden in der Landwirtschaft kam es zu Engpässen bei der Belieferung der städtischen Bevölkerung mit lebenswichtigen Waren. Als die Stadt im Krieg zur Zwangsbewirtschaftung überging, arbeitete die Konsumgenossenschaft mit den städtischen Behörden zusammen. Bei Beschaffung und Verkauf der nun dem freien Markt entzogenen Nahrungsmittel musste auf die Mitarbeit erfahrener Leute zurückgegriffen werden. Ohne die Unterstützung der gut organisierten und gewerkschaftsnahen Genossenschaft hätten sich die trotz Marktregulierung wachsenden Verpflegungsschwierigkeiten noch negativer ausgewirkt.

Bis zum Ende des Krieges konnten die Genossenschaftsmitglieder ihre Lebensmittelmarken für preisgünstige Waren einlösen, mussten sich nicht der illegalen Selbsthilfe bedienen oder auf dem Schwarzmarkt überteuerte Produkte kaufen.

Der seit 1916 beim Bayerischen Innenministerium bestehende „Kriegsausschuss für Konsumenteninteressen" gab dem gewerkschaftlichen Arbeitersekretariat den Auftrag, einige seiner Mitarbeiter zur Überwachung der von den Behörden festgesetzten Preise einzusetzen. Es war offensichtlich eine heikle Angelegenheit, denn nur 100 Anzeigen wurden verfolgt. Griff man hier auf den in der Preispolitik erfahrenen Georg Kandlbinder zurück? Er selbst teilt nur mit, dass er im Krieg Ehrenämter ausübte, welche, wissen wir nicht. Drei Jahre nach Kriegsende wurde er von der Generalversammlung des Konsumvereins mit überwältigender Mehrheit in den Genossenschaftsrat, später in den Aufsichtsrat gewählt.[47]

Während der letzten Jahre der Monarchie nahm der aus Niederbayern zugezogene und anfänglich mittellose Brauer Georg Kandlbinder eine angesehene Stellung in der Münchner Arbeiterbewegung ein. Durch Fleiß, strenge Disziplin und immerwährenden Einsatz für die

Auch in der Heimatgemeinde von Georg Kandlbinder kamen viele Bauern und Landarbeiter nicht mehr aus dem Krieg zurück. Kriegerdenkmal in Tiefenbach bei Passau.

Sozialdemokratische Partei und die Gewerkschaft schaffte es der eingebürgerte Münchner, sich emporzuarbeiten und durch Teilnahme am öffentlichen Leben und Übernahme vieler Ehrenämter hohes soziales Ansehen zu erwerben. Sein konsequentes Engagement führte dazu, dass er sich im Laufe der Jahre Kenntnisse in vielen Bereichen der Arbeitsmarkt-, Gesundheits- und Wirtschaftspolitik aneignete, die er als Realist und Pragmatiker für die Positionen von Gewerkschaft und Partei nutzbar machen konnte. Als Kenner der Sorgen und Nöte seiner Arbeitskollegen und der Menschen in seinem Wohnviertel erfasste er sehr schnell, wie sich die politischen Einstellungen und Stimmungen in der Arbeiterschaft veränderten.

Beim Ausbruch der Revolution Anfang November 1918 lebte er bereits 22 Jahre in München und hatte in seinem Umfeld einen großen Bekanntheitsgrad erreicht. Er war zu einer Persönlichkeit gereift, die auf vielen Gebieten des sozialen Lebens die Geschicke der Arbeiterschaft mitgestaltete und dazu beitrug, deren Lebensumstände zu verbessern. Somit brachte Georg Kandlbinder alle Voraussetzungen mit, in einer neuen Zeit, in der das Volk zur Herrschaft gelangen sollte, in führende politische Ämter aufzusteigen.

Es verwundert daher nicht, dass der nun 47 Jahre alte Georg Kandlbinder in der jungen Republik, die sich von Anfang an auf die von den Arbeitern gewählten Räte stützte und durch diese legitimierte, sehr bald in vorderster Reihe mitwirkte und wichtige Ämter als Vertreter der Arbeiterschaft übernahm.

IV. Während der Revolution von 1918/19 an vorderster Stelle

1. Arbeiterrat nach dem Umsturz vom 7. November 1918

Trotz aller Bemühungen die Not zu mildern, litt die Mehrheit der städtischen Bevölkerung in den Kriegsjahren zunehmend unter großem Hunger, und das besonders seit dem Winter 1917. Auch durch die Zwangsbewirtschaftung konnte die Verteilung der Lebensmittel nicht mehr gesteuert werden, so dass sich die Menschen nicht mehr ausreichend ernähren konnten. 10 Prozent der Münchner Einwohner, darunter vor allem ungelernte Arbeiter, Soldaten und Kriegsinvaliden mussten sich in den städtischen Volksküchen versorgen lassen. Eine davon befand sich in Kandlbinders Wirkungskreis als Armenpfleger, in der Kapuzinerstraße. Krankheiten wie Tuberkulose und Rachitis griffen um sich und eine Grippewelle raffte mehr als tausend Menschen dahin. Immer häufiger kam es zu Krawallen und Streiks. Mitte August 1917 protestierten hunderte von ausgehungerten und zermürbten Menschen vor der Münchner Residenz. Besonders verzweifelt war die Lage der Arbeiterfrauen, die sich stundenlang um Milch und Brot anstellen mussten und doch oft leer ausgingen. Viele hatten ihre Männer im Krieg verloren. Die Ungleichheit zwischen oben und unten, reich und arm, wurde angesichts der Opfer, die besonders die einfachen Leute für den Krieg brachten, nicht mehr akzeptiert. Erbitterung ergriff auch die Soldaten auf Heimaturlaub, wenn sie sahen, wie unzulänglich ihre Familien unterstützt und wie schlecht ihre versehrten oder verstümmelten Kameraden versorgt wurden. Die Soldaten wussten nicht mehr, wofür sie kämpfen, Leben und Gesundheit einsetzen sollten.[48]

Der Zustand des Landes wirkte sich auf das Ansehen der Sozialdemokratischen Partei äußerst negativ aus, hatte ihre Reichstagsfraktion doch die Anleihen zur Kriegführung mitbewilligt. Als die Unzufriedenheit

Proklamation.

Volksgenossen!

Um nach jahrelanger Vernichtung aufzubauen, hat das Volk die Macht der Zivil- und Militärbehörden gestürzt und die Regierung selbst in die Hand genommen. Die Bayerische Republik wird hierdurch proklamiert. Die oberste Behörde ist der von der Bevölkerung gewählte Arbeiter-, Soldaten- und Bauernrat, der provisorisch eingesetzt ist, bis eine endgültige Volksvertretung geschaffen werden wird. Er hat gesetzgeberische Gewalt.

Die ganze Garnison hat sich der Republikanischen Regierung zur Verfügung gestellt. Generalkommando und Polizeidirektion stehen unter unserem Befehl. Die Dynastie Wittelsbach ist abgesetzt.

Hoch die Republik!

Der Arbeiter- und Soldatenrat.

Kurt Eisner.

Proklamation der Bayerischen Republik durch Kurt Eisner am 7. November 1918.

Die Briefmarken mit dem Porträt König Ludwigs III. wurden nach Ausrufung der Republik weiter benützt und mit der Aufschrift „Freistaat Bayern" überstempelt.

über die lange Kriegsdauer und die damit verbundenen schlechten Lebensbedingungen wuchs, kam der kleinen Unabhängigen Sozialdemokratischen Partei (USP), die bisher kaum eine Rolle gespielt hatte, eine immer stärkere Bedeutung zu. Zu ihren führenden Persönlichkeiten gehörten Kurt Eisner, Erich Mühsam und Ernst Toller, fleißig publizierende Intellektuelle, die im Parteigefüge der Sozialdemokraten keine Karriere gemacht hatten. Sie teilten die abwartende Haltung Erhard Auers nicht.[49] Kurt Eisner, die zentrale Figur des Minderheitenflügels der Sozialdemokraten, konnte mit seiner Forderung, endlich aktiv zu werden und die unverzügliche Einstellung des Krieges anzustreben, immer mehr Menschen, vor allem junge Arbeiter, gewinnen. Wie im ganzen Reich brachte nun auch in Bayern der Ruf nach Waffenstillstand und Friedensschluss die Volksmassen auf die Straße. Dies zeigte der große Streik der Arbeiterschaft, den Kurt Eisner in den bayerischen Industriestädten Ende Januar und Anfang Februar 1918 erfolgreich organisierte, wofür er allerdings vorübergehend eingesperrt wurde.

Schon jetzt kamen die Mehrheitssozialdemokraten – sie stellten die Lösung der Friedensfrage eigentlich nicht in den Vordergrund – in Zugzwang. Ihr Chef Erhard Auer musste sich den Streikenden und ihrer Friedensforderung anschließen, um einen unbefristeten Generalstreik zu verhindern.[50] Auer entschied die Kraftprobe noch einmal für seine MSP und die Gewerkschaften. Nun wollte er die schon begonnenen Verhandlungen abwarten, die ein parlamentarisches System unter

Fortbestand einer repräsentativen Monarchie in Aussicht stellten. Beschäftigt mit diesen Verfassungsfragen, verkannte Erhard Auer die augenblickliche Stimmungslage. Er sah nicht, dass der Aufruf Eisners, das Proletariat solle die Macht ergreifen und den König stürzen, bereits mit Erfolg verbreitet wurde.

Auer glaubte, dass seine Führungsrolle unumstritten sei, auch bei einer für den 7. November geplanten gemeinsamen Demonstration von MSP, USP und freien Gewerkschaften auf der Münchner Theresienwiese. Hier aber gelang es Eisner, vorerst nur eine kleine Gruppe, vor allem Soldaten und Matrosen, auf seine Seite zu ziehen. Als der Funke gezündet hatte, schlossen sich ihnen weitere revolutionsbereite Arbeiter an. Gemeinsam mit den Soldaten der Münchner Kasernen besetzten sie dann alle wichtigen Schaltstellen der Macht. Der Putsch, den Eisner ohne die in der MSP und Gewerkschaft organisierte Arbeiterschaft durchführte, brachte den politischen Umsturz und damit das Ende der Monarchie in Bayern. König Ludwig III. verließ München und floh über Wildenwart nach Anif bei Salzburg.[51]

Links: Der Münchner Bahnhofs-platz noch in Friedenszeiten Rechts: Das Telegrafenamt mit Funkturm am Hauptbahnhof im Jahr 1919.

Eisner eröffnete am 7. November im Landtagsgebäude an der Pranner-straße spät abends die „vorläufige konstituierende Versammlung der Ar-beiter-, Soldaten- und Bauernräte" und rief Bayern zum Freistaat aus. Auer, der die Revolution nicht gewollt hatte, kam bei der Lageberatung mit führenden Gewerkschaftern zur Einsicht, dass der Machtwechsel vollzogen sei und „die Beherrschung der neuen Situation Kurt Eisner und seinen Anhängern nicht allein überlassen werden dürfe".[52] Eisner, dem seine kleine Partei nicht ausreichend Rückhalt bot, war zu einer Koalition mit der MSP bereit. Diese stellte vier, und damit die Hälfte der Minister der neuen „Provisorischen Regierung", die vom „Proviso-rischen Nationalrat" gewählt wurde.[53] Auer schrieb am 8. November in der „Münchener Post": „Der Bruderkrieg der Sozialisten ist für Bayern beendet. Auf der revolutionären Grundlage, die jetzt gegeben ist, wer-den die Arbeitermassen zur Einheit zurückgeführt."[54] Dies war jedoch ein Wunschtraum. Die beiden Exponenten der Regierung, Eisner und Auer, hatten zu unterschiedliche politische Vorstellungen, besonders was die Stellung der Räte im Staat anbelangte.

Das Rätegremium, vor dem Eisner im Landtagsgebäude die Republik proklamierte, war vor dem 7. November in München nicht, auf jeden Fall nicht öffentlich, in Erscheinung getreten. Die Idee, basisdemokra-tische Revolutionsorgane zu bilden, verfolgte Eisner allerdings längst. Schon vor dem Umsturz standen in Eisners Umkreis geeignete Arbeiter und Soldaten dazu bereit. Im „Revolutionären Arbeiterrat", der auch

Erhard Auer versuchte die organisierte Arbeiterschaft in der Sozialdemokratischen Partei zu bündeln. Hier sein Aufruf in der „Münchener Post" vom 8. November 1918.

später zum Nationalrat gehörte, fanden sich die Männer der ersten Stunde wieder. Ihm hatten sich, zumindest am Anfang der Umsturz- bewegung, die Anhänger Eisners angeschlossen, darunter auch Erich Mühsam, Ernst Toller und Gustav Landauer.[55] Die von den revolutionären Vorgängen überraschte MSP brauchte ei- nige Tage bis sie ihre eigenen Leute mobilisierte. Am 14. November erschien ein Aufruf in der Presse, einen örtlichen Arbeiterrat zu bil- den. Betriebe mit 100 Arbeitern sollten dafür einen, mit 1.000 zwei Vertreter wählen. Dies war die Stunde Kandlbinders und anderer er- fahrener Funktionäre der MSP und der Gewerkschaften. Kandlbinder ließ sich von seiner Tätigkeit als Brauer freistellen und über die Tho- masbrauerei in den Münchner Arbeiterrat wählen. Seine Bezahlung übernahm die Gewerkschaft. Auch der spätere Oberbürgermeister Tho- mas Wimmer, der dem Holzarbeiterverband angehörte, wurde jetzt in

Münchner Neueste Nachrichten

Thronverzicht König Ludwigs III.

München, 13. November 1918

Dem Ministerium des Volksstaates Bayern ging folgende **Erklärung** zu:
„Zeit meines Lebens habe ich mit dem Volk und für das Volk gearbeitet. Die Sorge für das Wohl meines geliebten Bayern war stets mein höchstes Streben. Nachdem ich infolge der Ereignisse der letzten Tage **nicht mehr in der Lage** bin, die **Regierung weiterzuführen**, stelle ich **allen Beamten, Offizieren und Soldaten** die Weiterarbeit unter den gegebenen Verhältnissen frei und **entbinde** sie das mir geleisteten **Treue-Eides**.

Anif, den 13. November 1918.   **Ludwig.“**

Auf diese Kundgebung wurde folgende **Antwort** erteilt:
„Der Ministerrat des Volksstaates Bayern nimmt den **Thronverzicht Ludwigs III.** zur Kenntnis. Es steht dem ehemaligen König und seiner Familie nichts im Wege, sich wie jeder andere Staatsbürger frei und unangetastet in Bayern zu bewegen, sofern er und seine Angehörigen sich verbürgen, nichts gegen den Bestand des Volksstaates Bayern zu unternehmen.

Der Ministerrat des Volksstaates Bayern
Kurt Eisner
Auer   v. Frauendorfer   Jaffé   Roßhaupter   Timm   Unterleitner.“

Der Ministerrat des Volksstaates annonciert den „Thronverzicht König Ludwigs III." in den „Münchner Neuesten Nachrichten". Der König entband am 13. November 1918 von Anif aus seine Beamten, Offiziere und Soldaten vom Treueid. Die Beamten wurden nicht ausgewechselt, sondern standen nun im Dienst der neuen Regierung.

seiner Werkstätte zum Arbeiterrat gewählt.[56] Letztlich schaffte es nun die organisierte Arbeiterschaft, dass der „Revolutionäre Arbeiterrat" durch ein konkurrierendes Rätegremium auf kommunaler Ebene, „Münchner Arbeiterrat" genannt, sehr in seiner Macht eingeschränkt wurde.
Als am 7. Dezember 1918 der Münchner Arbeiterrat im Deutschen Theater tagte, setzte sich dieses Gremium aus über 400 gewählten Arbeiterräten und nur noch etwa 50 Mitgliedern des Revolutionären Arbeiterrates zusammen. Die Mehrheit der Räte waren nun gemäßigte Mitglieder der Mehrheitssozialdemokraten, die ihre Hauptaufgabe darin sahen, den friedlichen Übergang von der Monarchie zur Republik zu gewährleisten und für Ruhe und Ordnung zu sorgen. Bei der Wahl seiner neunköpfigen Vorstandschaft wurde Georg Kandlbinder zweiter, Karl Prokesch erster Vorsitzender des Münchner Arbeiterrats. Letzterer war auch Mehrheitssozialdemokrat und als gelernter

Kaufmann Vorsitzender des Münchner Verbandes der Handlungsgehilfen.

Die Münchner Arbeiterräte, deren Vertretung sich durch Aufruf von MSP und Gewerkschaft gebildet hatte, können keineswegs mit den russischen Sowjets und ihrer Rätediktatur gleichgesetzt werden.[57] Sie wollten keine Veränderung des Regierungssystems, keinesfalls eine Aufhebung der Gewaltenteilung, sondern politische Mitsprache- und Gestaltungsmöglichkeiten. Der Gewerkschafter des Brauereiarbeiterverbands Georg Kandlbinder sah sich als Volksvertreter und war stolz auf dieses neue „große Parlament", wie er den Arbeiterrat nennt, in dessen „Präsidium" er nun die Politik mitzubestimmen hoffte.[58]

Die massiven Probleme, die sich schon in den folgenden Wochen ergaben, lagen bei der Führung der neuen Regierung. Ministerpräsident Eisner und Innenminister Auer konnten sich immer weniger darauf einigen, wie die Räte, die vom ersten Tag der Republik an eine tragende Rolle spielten, in Zukunft integriert werden sollten. Eisner unterstützte die Rätegremien, wenn auch nicht mit gleichbleibender Intensität. Er hielt sie für die „Grundlage des neuen Regierungssystems", weil sie Schulen der Demokratie und ein berufsständisches Gegenstück zum herkömmlichen Parlament seien, nur sie böten, wie er unterstrich, die Möglichkeit, das Proletariat politisch mitarbeiten zu lassen.

Im Gegensatz zu ihm war jedoch Auer zu der Erkenntnis gelangt, dass es schwierig werden würde, die Räte neben eine gewählte Volksvertretung zu stellen. Die Bildung eines neuen Parlaments war ja von Anfang an das gemeinsam erklärte Ziel der Regierung gewesen.[59] Trotz dieser widersprüchlichen Haltung der beiden führenden Politiker etablierten sich die Rätegremien weiter und das in ganz Bayern.

Als Kandlbinder erneut in den Vorstand des Münchner Arbeiterrats gewählt werden sollte, lehnte er wegen Überlastung ab. Inzwischen hatte er nämlich als Vertreter der Arbeiter eine weitaus verantwortungsvollere Aufgabe übernommen.

Der am 21. Februar 1919 ermordete bayerische Ministerpräsident Kurt Eisner im Jahr 1918.

2. Im Vollzugsrat der Arbeiterräte Bayerns:
„Dann ging das Regieren los ... "

Die Arbeiterräte, die sich überall gebildet hatten, schufen sich sehr bald
ein zentrales Gremium, das ihre Belange vertreten sollte. Am 10. Dezember 1918 trafen sich 280 Delegierte aus allen Teilen Bayerns, um sieben Führungskräfte für das neue Gremium, das Vollzugsrat heißen sollte, zu ernennen. Der Münchner Arbeiterrat stellte Georg Kandlbinder
und Joseph Eisenhut (beide MSP), der Revolutionäre Arbeiterrat Ernst
Toller und Carl Kröpelin (beide USP) für den Vollzugsrat auf. Damit
errang München mit vier Mitgliedern ein deutliches Übergewicht,
denn für die Arbeiterräte Schwabens, Frankens und der Pfalz wurde nur
jeweils ein Vorstandsmitglied aufgestellt. Der Schwabe Joseph Feinhals,
ab Ende Januar ersetzt durch Ernst Niekisch, übernahm den Vorsitz des

Die Mitglieder des Vollzugsrats der Arbeiterräte Bayerns bei einer Sitzung im ehemaligen Raum der Kammer der Reichsräte im Landtagsgebäude in der Prannerstraße Ende Januar 1919. Teilweise wurden die anfänglichen Mitglieder ausgetauscht und neue hinzugezogen. Von links: Joseph Eisenhut, Heinrich Süß, Georg Kandlbinder, Ernst Niekisch, Joseph Feinhals, Carl Kröpelin, Edwin Steinmetz, Max Reuter. Ernst Toller fehlt auf diesem Bild.

Vollzugsrats. Diese beiden vertraten wie die Mehrheit der Vollzugsräte und auch Kandlbinder, der dritter Vorsitzender wurde, die Politik der MSP. Ernst Toller, als Mitglied der USP weiter links stehend, wurde zweiter Vorsitzender.

Georg Kandlbinder schreibt über dieses Gremium: „Der Vollzugsrat war damals die höchste gesetzliche Instanz und hat als Nebenregierung des Ministeriums Eisner und Auer gegolten ... Dann ging das Regieren los." Die Vollzugsräte hatten keinen Zweifel an der Berechtigung ihrer Funktion. Als Mitglieder einer Institution, hinter der „die gesamte arbeitende Bevölkerung Bayerns" stand, sahen sie ihre Aufgabe darin, die Tätigkeit der Regierung zu überwachen, von den Ministern Auskünfte zu verlangen und bei Bedarf zur Verantwortung zu ziehen.[60] Eisner selbst bezeichnete die Räte als Nebenparlament, eine unscharfe Diktion, weil der Ministerrat dem Vollzugsrat nie klar umrissene Legislativ- oder Exekutivrechte einräumte.[61] Fest steht, dass viele innenpolitische Beschlüsse der Regierung Eisner-Auer im Austausch mit den Rätegremien zustande kamen, so gehörte die Einführung des Achtstundentags und die Aufhebung der geistlichen Schulaufsicht zu den Forderungen, welche die Gewerkschafts- und Parteibasis seit langem erhoben hatte.

Die Mitglieder des Vollzugsrats waren fast alle Arbeiter und Handwerker, mit Ausnahme des Schriftstellers Ernst Toller, des Pfälzer Rechtsanwalts Friedrich Ackermann und des Volksschullehrers Ernst Niekisch. Einige gehörten wie die Münchner Kandlbinder und Eisenhut der Gewerkschaft an. Die Vollzugsräte mussten täglich anwesend sein, ihr Tagesablauf war bestimmt von Sitzungen, Beantwortung von Petitionen, Erledigung von Korrespondenz. Für ihre Tätigkeit erhielten sie 20 Mark pro Tag aus der Staatskasse. Als Geschäfts- und Tagungsräume benützte

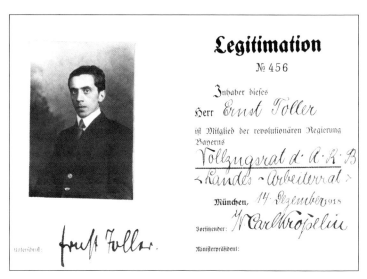

Ausweis Ernst Tollers als Vollzugsrat, ausgestellt von Carl Kröpelin am 14. Dezember 1918. Der Ausweis von Georg Kandlbinder ist leider verloren gegangen.

das neue Regierungsorgan die Räume der aufgehobenen Kammer der Reichsräte im Landtagsgebäude an der Prannerstraße. Hier arbeitete auch das Personal, das den umfänglichen Verwaltungsapparat des Vollzugsrats betreute.

Jedem Vollzugsrat unterstand ein Referat, so dem Buchdrucker Edwin Steinmetz, später Ernst Niekisch, das wichtige Presse- und Propagandareferat. Es brachte seit 17. Januar 1919 eine eigene Wochenzeitung, die „Arbeit und Zukunft" mit einer Auflage von 10.000 Exemplaren, heraus. Diese Zeitung im handlichen Format brachte es zu zwölf Ausgaben und wurde an die Arbeiterräte ganz Bayerns verschickt. Die Herausgeber, vor allem der Chefideologe der Räte, Ernst Niekisch, leisteten mit ihren Artikeln über anstehende politische Themen Aufklärungs- und Bildungsarbeit. Dies ganz im Sinn Kurt Eisners, dessen Gebot es war, „die Massen des Proletariats unmittelbar zur politischen Mitarbeit heranzuziehen."[62]

Die Gesamtorganisation der bayerischen Arbeiterräte lag in den Händen des geschulten Gewerkschafters und gelernten Mechanikers Carl Kröpelin. Er hatte unter anderem die Aufgabe, neu entstehende Arbeiterräte zu legitimieren, damit sie von den Kommunalbehörden als Verhandlungspartner anerkannt wurden. Der Lagerhalter und Gewerkschafter Joseph Eisenhut erhielt das Referat Postwesen.

Georg Kandlbinder, seit langem Experte für Lebensmittelbeschaffung, arbeitete in der Kommission für Lebensmittelkontrolle. Dies war ein höchst bedeutendes Referat, denn die Akzeptanz der Regierung stieg und fiel mit der Nahrungsmittelversorgung der Bevölkerung. Die seit dem Waffenstillstand im November heimkehrenden Soldaten trugen dazu bei, dass sich der Bedarf an dringend benötigten Grundnahrungsmitteln erneut erhöhte. Steigende Preise, das Bunkern von Waren und Tauschhandel verhinderten immer noch einen normalen Warenverkehr. Viele Lebensmittel wurden ins nahe Ausland geschafft und damit der hungernden Stadtbevölkerung entzogen.[63]

Mit Hilfe von Kontrolleuren versuchte die Regierung dem Einhalt zu gebieten. Kandlbinder berichtet von dieser manchmal gefährlichen Tätigkeit: „Im Januar 1919 wurde ich beauftragt mit einer Gruppe Herren vom Kriegswucheramt, versehen mit den nötigen Ausweispapieren durch den Minister des Innern, Genossen Auer, nach der tschechischen und österreichischen Grenze zu fahren, um dort den Schmuggel und Schleichhandel zu bekämpfen. Dieses Geschäft war zur damaligen Zeit kein besonderes und es gab bei grimmiger Kälte gar manche Episode Schießerei und noch mehr, so dass wir wieder froh waren, in München zu sein."[64]

Erhard Auer, der bei der Übertragung von Regierungsaufgaben an die Räte grundsätzlich bremste, befürwortete aber ihren Einsatz im Kampf gegen den Schleichhandel. Der Innenminister, für die Ernährungslage der Bevölkerung zuständig, vertraute in dieser Frage seinen volksnahen Genossen, von denen er glaubte, dass sie die Tricks der Bauern und Kleinhändler, die Überlebensstrategien und kleinen Betrügereien der Leute am ehesten aufdecken könnten.[65]

Aufruf der Regierung Eisner, der Rätegremien, der MSP, der USP und der Gewerkschaft vom 9. Januar 1919, sich nur an Demonstrationen zu beteiligen, die von den Arbeiter- oder Soldatenräten beschlossen wurden.

Die Mitglieder des Vollzugsrats der Arbeiter- und Soldatenräte ließen sich von Heinrich Hoffmann, dem späteren „Leibfotografen" Hitlers, in ihrem Tagungsraum im Landtagsgebäude ablichten. Es ist das einzige Rätegremium, von dem Fotos in Form von Postkarten existieren. Gruppenaufnahmen anderer Arbeitergremien gibt es nicht. Die im Januar 1919 entstandenen Aufnahmen wurden in keiner Illustrierten veröffentlicht. Vemutlich passten die solide bürgerlich wirkenden Sitzungsteilnehmer nicht zum inzwischen negativ dargestellten Klischee der Räte.[66] (Vgl. Abbildung S. 68)

Der am 10. Dezember etablierte Vollzugsrat bestand weiter, als am 21. Februar 1919 der Zentralrat gebildet wurde. Am 1. März neu gewählt, wurden seine Mitglieder auch während der ersten Räterepublik (ab 6./7. April) nicht offiziell abgelöst, sondern teilweise in den revolutionären Zentralrat integriert.

3. Parlamentarier im provisorischen Nationalrat

Schon gleich nach dem Umsturz am 7. November 1918 war ein Provisorischer Nationalrat als erstes Parlament des Freistaats Bayern zusammengetreten. Georg Kandlbinder gehörte ihm noch nicht sofort an, weil seine ersten Mitglieder vorwiegend aus dem Umkreis Eisners stammten. Eisner stellte dies in seiner ersten Rede vor dem provisorischen Nationalrat so dar: „ ... im Übrigen ist die Zusammensetzung der heutigen Veranstaltung auch nur ein loses Provisorium ... Heute herrschen in diesem Parlament die elementaren Triebkräfte der breiten Volksmassen selbst."[67] Da sich Eisner und Auer auf eine Koalitionsregierung geeinigt hatten, musste der provisorische Nationalrat auf Druck der gemäßigten Kräfte in den nächsten Wochen erweitert

Bekanntmachung.

Die letzten ebenso traurigen wie sinnlosen Vorgänge, die sich bei der Münchner Arbeitslosendemonstration ereignet haben, mahnen nachdrücklich, dafür Sorge zu tragen, daß sich die Bevölkerung Münchens nicht zu Unternehmungen verleiten läßt, aus denen allein die Reaktion Nutzen zieht und Nutzen ziehen will. Die revolutionäre Regierung bedarf nicht des Antriebes durch Demonstrationen, um die Schwierigkeiten der Lage zu erkennen und ihre Pflicht zu tun; im Gegenteil wird durch solche Demonstrationen zwecklos ihre Zeit und Kraft notwendigerer Arbeit entzogen.

Wir wenden uns daher an die **gesunde Vernunft der denkenden Arbeiterschaft,** sich nur an solchen Demonstrationen zu beteiligen, die vorher im Arbeiterrat, oder wenn es sich um Soldaten handelt, im Vollzugsausschuß des Münchner Soldatenrats erörtert und beschlossen worden sind. Alle anderen Demonstrationen werden von heute ab nicht gestattet. Die Arbeiter- und Soldatenräte sind die selbstgeschaffenen Organisationen des Volkes, deren Hauptzweck ist, die Forderungen und Beschwerden der Massen zur Geltung zu bringen. Würden statt der besonnenen Ueberlegung der Arbeiter- und Soldatenräte die wilden Einfälle Einzelner, die völlig unberufen sind, die entscheidenden Maßnahmen herbeiführen, so wäre nicht nur freie Bahn für die Betriebsamkeit unlauterer Elemente geschaffen, sondern die Arbeiter- und Soldatenräte überhaupt überflüssig.

Sollten hinfort dennoch Demonstrationen stattfinden, die nicht von den Arbeiter- und Soldatenräten beschlossen worden sind, so fordern wir die Arbeiterschaft auf, sich an ihnen nicht zu beteiligen. Die Regierung wäre dann genötigt, gegen die Anreger, Leiter und Hintermänner derartiger Unternehmungen als verdächtige konterrevolutionäre Elemente einzuschreiten und sie der Untersuchung durch den **Nationalgerichtshof** zu übergeben.

Wir vertrauen dem Ernst und der Besonnenheit des Münchner Volkes, daß es uns in den Bemühungen unterstützen wird, die große Revolution ohne Störungen, ohne Rückschläge und ohne Blutvergießen politisch und sozial zum siegreichen Ende weiterzuführen.

Von Berlin aus wurde der Weltkrieg entfesselt. Wir wollen nicht, daß von dort aus jetzt auch der Bürgerkrieg nach dem deutschen Süden eingeführt werde.

München, den 9. Januar 1919.

Der Ministerrat:
Kurt Eisner. Auer. v. Frauendorfer. Hoffmann. Jaffé. Roßhaupter. Timm. Unterleitner.
Der Vollzugsausschuß des Arbeiterrates:
Kröpelin. Handelbinder.
Der Vollzugsausschuß des Soldatenrates:
Schäfer. Simon.
Arbeiterrat München:
Reck.
Sozialdemokratischer Verein München:
Dichtl. Franz Schmitt.
Unabhängige Sozialdem. Partei München:
Schröder. Kämpfer.
Gewerkschaftsverein München:
Kurth. Schiefer.

Druck von Knorr & Hirth in München

werden, um möglichst viele Bevölkerungsschichten zu repräsentieren, vor allem um auch die Bauernschaft einzubeziehen, deren Bedeutung wegen der schlechten Lebensmittellage für die Versorgung der bayerischen Städte längst erkannt worden war. Der provisorische Nationalrat bestand schließlich im Dezember aus je 50 Mitgliedern des Landesarbeiterrats (hierzu gehörte der Revolutionsausschuss), des Landessoldatenrats, sowie des Bauernrats. Dazu kamen Vertreter des alten Landtags (mehrheitlich der MSP, einige des Bayerischen Bauernbunds und der Liberalen), außerdem noch Mitglieder gewerkschaftlicher Organisationen (zehn stellten allein die freien Gewerkschaften, darunter waren Gustav Schiefer, Albert Schmid, Joseph Ertl) und verschiedener Berufsverbände. Insgesamt umfasste der Nationalrat 256 Parlamentarier.[68] Da die Räte in diesem Nationalrat mit 150 Abgeordneten die Mehrheit stellten, wurde auf konservativer Seite abfällig von

„Räteparlament" gesprochen. Noch dazu organisierte ein Aktionsausschuss, der von Anfang an von den Unabhängigen Sozialdemokraten und dem Bayerischem Bauernbund (u. a. dem Gutsbesitzer Karl Gandorfer) dominiert wurde, die Zusammenarbeit der im Nationalrat eine Rolle spielenden landesweiten Rätegremien.

Der erfahrene Funktionär Georg Kandlbinder war über den Landesarbeiterrat Oberbayern in den Nationalrat gewählt worden und damit einer von nur drei sozialdemokratischen Münchner Arbeiterräten, die hier als Parlamentarier vertreten waren. Als Vollzugsrat gehörte Kandlbinder dem Aktionsausschuss automatisch an.

Der provisorische Nationalrat war, wie schon der Name sagt, als Übergangsparlament geplant. Eisner, der die Räte als Träger der Revolution und somit seiner eigenen Machtgrundlage sah, wollte dieses Parlament der ersten revolutionären Phase aber längerfristig beibehalten und die allgemeine Wahl einer Volksvertretung hinausschieben. Gegen Eisner wurde nun aber weiter vehement das Ziel verfolgt, mittels einer demokratischen Wahl eine von allen politischen Parteien getragene

Volksvertretung zu schaffen. Ihr sollte die wichtige Aufgabe übertragen
werden, die künftige Verfassung zu verabschieden. Als die Mehrheitssozialdemokraten zusammen mit den anderen Parteien die anfänglich
auch von Eisner in Aussicht gestellte freie und geheime Landtagswahl
ultimativ forderten, gab Eisner nach und setzte sie für den 12. Januar
1919 fest. Eisner erkannte, dass er bis zu den Wahlen sein Werk, besonders die Verankerung der Räte in der Verfassung, nicht würde vollenden
können. Er wartete nicht mehr bis zur Wahl ab, sondern legte am 4.
Januar 1919 ein provisorisches Staatsgrundgesetz der Republik Bayern
vor.[69] Hier wurden die bisherigen Errungenschaften der Regierung Eisner eingebracht, unter anderem die Vorrechte des Adels aufgehoben
und das Unterrichtswesen zu einer staatlichen Angelegenheit erklärt.
Die Warnungen Eisners vor einer erneuten Radikalisierung unzufrie-
dener Arbeiter, falls die Räte nicht adäquat eingebunden würden, igno-
rierten die Minister der MSP.[70]

Das Ergebnis der Wahlen, an denen erstmals als grundlegende Neuerung die Frauen teilnehmen durften, zeigte, dass Eisners Politik bei der
Mehrheit der Bevölkerung nicht angekommen war. Seine USP erhielt
nur drei von 180 Sitzen (die Bayerische Volkspartei 66, die MSP unter
Auer 62, die Deutsche Demokratische Partei 25, der Bayerische Bauernbund 15), obgleich auch Eisner die Einberufung einer verfassunggebenden Nationalversammlung schließlich fest zugesichert hatte.[71]
Deutlicher hätte die Absage an Eisners bisherige Rätepolitik nicht sein
können. Die Mehrheit der sozialdemokratischen Arbeiterschaft hatte
jetzt doch auf Auer gesetzt.

Nach der Wahl erkannten die Räte, dass ihre Mitwirkung an der Regierung nur noch eine Frage der Zeit war. In den Rätegremien setzte nun
ein deutlicher Linksruck ein, zudem erhielt eine kleine radikale Gruppe, die der Spartakisten, die am 11. Dezember ihre erste Ortsgruppe
in München gebildet hatte, zunehmend Auftrieb.[72] Die Anhänger des
Spartakusbundes, deren ideologischer Führer in Bayern der Kommunist

„Jetzt sind wir nur noch von Gott eingesetzt – – – wer zahlt uns da den Gehalt?"

„Jetzt sind wir nur noch von Gott eingesetzt – – – wer zahlt uns da den Gehalt?" Karikatur im „Simplicissimus" vom 29. April 1919. Die Regierung Eisner beseitigte die geistliche Schulaufsicht. Auch die Bestrebungen der Regierung Hoffmann gingen dahin, Staat und Kirche zu trennen.

Max Levien war, kämpften hart, um ihren Einfluss zu verstärken, wie sich in der Sitzung der Münchner Arbeiterräte vom 11. Februar 1919 zeigte. Hier verließen die der MSP nahestehenden Vertreter der Gewerkschaften geschlossen die Sitzung aus Protest, weil sie sich wegen der dauernden Zwischenrufe der Spartakisten kaum Gehör verschaffen konnten.

Der Vollzugsrat berief nun einen Kongress (13. Februar bis 8. März 1919) im Deutschen Theater ein, um zu klären, wie die Rätegremien neben dem Parlament in der zukünftigen neuen Verfassung verankert werden könnten. Seine etwa 187 Teilnehmer einigten sich schließlich nach harter Auseinandersetzung gegen Erich Mühsam auf den Nürnberger Entwurf, der ein Nebeneinander von Parlament (Landtag) und Räten vorsah. Man stellte sich vor, dass die Räte als Kontrollinstanz des Landtags fungieren sollten.[73] Der Vollzugsratsvorsitzende Ernst Niekisch erhielt den schwierigen Auftrag, diesen Entwurf am 21. Februar, dem Tag der ersten Sitzung des neuen Landtags, durchzubringen. Schon bei der Tagung im Deutschen Theater hatte sich eine deutliche Diskrepanz zwischen den Räten der Mehrheitssozialdemokraten an der Basis und den regierenden Ministern dieser Partei herausgestellt. Die Räte erhielten von ihren Ministern Erhard Auer, Johannes Hoffmann, Johannes Timm und Albert Roßhaupter keine wirkliche Garantie für die Umsetzung des Nürnberger Entwurfs.[74] Diese Spaltung innerhalb der Mehrheitssozialdemokraten sollte sich, besonders auch für Georg Kandlbinder, noch als fatal erweisen.

Wie aus Kandlbinders Erinnerungen herauszulesen ist, hätte auch er die errungene Machtposition als Vollzugsrat ungern wieder aufgegeben. Im Auftrag des Rätekongresses sollte er für die Bauarbeiter Arbeitszeitverhandlungen durchführen.[75] Seit der Einführung des Acht Stundentages war die 48-Stundenwoche der Regelfall. Um mehr Leute in Arbeit und Brot zu bringen, wollten die Räte aber die Arbeitszeit im Baugewerbe auf 44 Stunden reduzieren. Kandlbinder führte die Verhandlungen mit 16 Besitzern der größten Baufirmen und ihren Anwälten im großen Saal des Wittelsbacher Palais. Der Rätekongress hatte ihm ein außergewöhnliches Drohmittel an die Hand gegeben: Die Parole hieß, bei Ablehnung die Unternehmer in Schutzhaft nehmen! Kandlbinder war erfolgreich. Nach der Revolution schreibt Kandlbinder über seine damalige Verhandlungsstärke: „Dies haben die Herren Arbeitgeber heute noch nicht vergessen und es wird mir bei Gelegenheit immer wieder Vorhalt darüber gemacht."[76]

Kurt Eisner setzte nach seinem Wahldebakel weiter auf die Räte. In seiner Rede am 20. Februar vor dem bayerischen Rätekongress ermutigte er sie, weiterzumachen. Er rief sogar zu einer zweiten Revolution auf, die Massen sollten sich sammeln und erhalten, was die erste Revolution gewonnen hat.[77] Niemand ahnte, dass dies seine Abschiedsrede sein sollte.

Die Sitzung vom 4. Januar war die letzte, die der Provisorische Nationalrat, der sich unter Eisner konstituiert hatte, abgehalten hatte. Er wurde offiziell aber erst am 28. Februar durch den Rätekongress, den neuen Machtfaktor, aufgelöst.

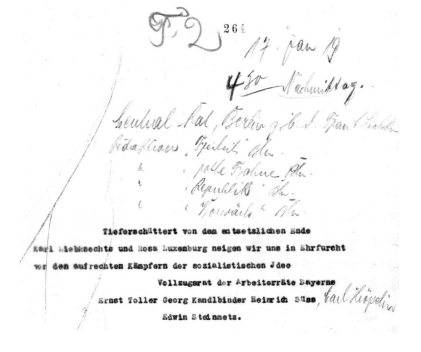

Tieferschüttert von dem entsetzlichen Ende
Karl Liebknechts und Rosa Luxemburg neigen wir uns in Ehrfurcht
vor den aufrechten Kämpfern der sozialistischen Idee

Vollzugsrat der Arbeiterräte Bayerns

Ernst Toller Georg Kandlbinder Heinrich Süss, Karl Köpelin
Edwin Steinmetz.

4. „ … der schrecklichste Tag in meinem Leben … “: am 21. Februar 1919 im Landtag dabei

Am 17. Januar 1919 unterzeichneten Ernst Toller und Georg Kandlbinder ein Telegramm des Vollzugsrats der Arbeiterräte Bayerns an die Berliner Presse: „Tieferschüttert von dem entsetzlichen Ende Karl Liebknechts und Rosa Luxemburgs neigen wir uns in Ehrfurcht vor den aufrechten Kämpfern der sozialistischen Idee.“ Die beiden Führer der Kommunisten waren am 15. Januar von Offizieren der in Berlin aufmarschierten Freikorps erschossen worden.

In der Reichshauptstadt hatte sich seit Anfang Januar 1919 der Konflikt zwischen der USP und KPD auf der einen und der MSP auf der anderen Seite zugespitzt. Wie in Bayern wollte die äußerste Linke die Wahlen zur Verfassunggebenden Nationalversammlung unter der Regierung Ebert/Scheidemann verhindern. Auf Verhandlungsangebote der USP wurde nicht eingegangen, aber eine Demonstration gegen die Regierungspolitik von den Sozialdemokraten Ebert und Scheidemann mit Hilfe rechtsstehender Freikorps gewaltsam niedergeschlagen. Der

Telegramm des Vollzugsrats der Arbeiterräte Bayerns an die Berliner Presse wegen des Mordes an Karl Liebknecht und Rosa Luxemburg.

Bekanntmachung.

Wer Handlungen gegen die jetzige Regierungsgewalt unternimmt oder zu solchen Handlungen auffordert,

wer raubt, plündert oder stiehlt

wird gemäß den noch zu veröffentlichenden Bestimmungen über den Belagerungszustand

erschossen.

München, den 21. Februar 1919.

Der Vollzugsrat des Arbeiterrats: **Niekisch.**
Der Vollzugsausschuß des Soldatenrats: **Simon.**
Der Polizeipräsident: **Staimer.** Der Stadtkommandant: **Dürr.**

Tod der Sozialisten Liebknecht und Luxemburg traf die Arbeiterbewegung hart und löste in ihren Reihen große Erschütterung aus. Die Vorgänge in Berlin, „die Exzesse der Gegengewalt", trugen dazu bei, dass die Radikalisierung in Teilen der Arbeiterschaft unaufhaltsam fortschritt.[78] Ein zweites an die Berliner Reichsregierung gerichtetes Telegramm der Münchner Vollzugsräte, gibt der Sorge über die tiefer werdende Spaltung der Arbeiterbewegung Ausdruck. Die Münchner forderten den Rat der Volksbeauftragten in Berlin auf, zurückzutreten und für eine sozialistische Regierung aller Richtungen, hinter „der das gesamte arbeitende Volk steht", einzutreten, sonst würden „Arbeiter sich im Bruderkampf hinmorden."[79] Diese weise Voraussicht einiger weniger bewirkte nichts. Der von Hass geleitete Mord wurde zur Waffe der Fanatiker.

Einige Wochen später, am 21. Februar, erschoss Leutnant Anton Graf von Arco-Valley den noch amtierenden Ministerpräsidenten Kurt Eisner. Er hatte gerade seinen Amtssitz im Montgelas-Palais am Promenadeplatz verlassen und wollte an diesem Tag, an dem die erste Sitzung der neuen Landtagsabgeordneten stattfinden sollte, als Ministerpräsident zurücktreten. Georg Kandlbinder war in seiner Eigenschaft als Vollzugsrat im Landtagsgebäude und erlebte die sich nun überstürzenden Ereignisse aus nächster Nähe mit.[80] Er hörte von seinem Kollegen Ernst

Der Versuch, nach den Attentaten vom 21. Februar 1919 die Ruhe wiederherzustellen. Aufruf der Rätevorsitzenden Ernst Niekisch und Paul Simon: wer raubt, plündert oder stiehlt, wird erschossen.

Niekisch das Gerücht, dass die Soldaten der Landtagswache als Reaktion auf den Mord an Eisner, die Minister Erhard Auer und Albert Roßhaupter erschießen wollten. Wie Kandlbinder berichtet, wollte er sofort den Innenminister von der Gefahr verständigen, damit er nicht die Landtagsabgeordneten in den Sitzungssaal einberiefe. Dies sei aber in der Aufregung nicht mehr zu verhindern gewesen. Kandlbinder weiter: „Das Unglück war fertig. Abgeordneter Osel ... tot, Genosse Auer und Major Jareis verwundet, (letzterer) ist nachts ... gestorben. ... Roßhaupter hatten wir zur Sicherung im Büro des Bauernrates untergebracht, später wurde derselbe unbemerkt aus dem Landtagsgebäude entführt. Der Landtag war auseinander gejagt, der Generalstreik wurde beschlossen und auch durchgeführt."[81]

Wie konnte es soweit kommen? Erhard Auer beendete gerade von der Ministerbank aus einen Nachruf auf den ermordeten Ministerpräsidenten Kurt Eisner mit den Worten „auf diesem Wege kann und darf nicht fortgefahren werden, wenn nicht die vollkommene Anarchie eintreten soll", als ein Mann aus einer Seitentür des Sitzungssaals auftauchte und mit seiner Pistole auf Auer zielte. Ob er auch die weiteren Schüsse abgab, konnte nicht mit Sicherheit ermittelt werden. Später wurde Alois Lindner, ein Metzger aus Kelheim, als Einzeltäter verurteilt, obgleich noch andere im Landtag Anwesende an dem Schusswechsel beteiligt gewesen sein sollen. Das Volksgericht konnte nicht klären, ob ein größerer Anschlag gegen das neue Parlament geplant war. Lindner gehörte der USP und dem Revolutionären Arbeiterrat an, war also im Gegensatz zu Graf Arco ein Attentäter aus den Reihen der Linken. Wie viele seiner Genossen sah Lindner – aufgehetzt durch radikale Parolen – in Auer den Todfeind Eisners, dem die Schuld an dessen Ermordung zuzuschreiben sei und damit auch der Verrat an der Revolution. Die Spaltung der Sozialdemokraten hatte sich ein weiteres Mal als äußerst verhängnisvoll erwiesen. Entsetzen über den Mord an Eisner und das Attentat, das zwei Tote forderte und Erhard Auer sowie zwei Ministerialbeamte schwer verletzte, lähmte fortan große Teile der Bevölkerung.[82]

Nach dem Mord an Eisner wurde Ernst Niekisch Vorsitzender des Zentralrats und für kurze Zeit der mächtigste Mann in Bayern.

Passivität auf der einen, Radikalität auf der anderen Seite waren die verheerenden Folgen dieses Anschlags. Kandlbinder sollte diesen Tag als den schrecklichsten seines Lebens bezeichnen.

Es fehlten nun die führenden Köpfe der Regierung, zudem waren die Minister Albert Roßhaupter und Johannes Timm, ebenso wie alle Landtagsabgeordneten untergetaucht. Dies verstärkte das gebrochene Verhältnis der Räte zu den rechtmäßig gewählten Abgeordneten.

5. Mitglied des Zentralrats unter Ernst Niekisch

Im Gegensatz zu den Abgeordneten handelten die Räte schnell. Sie bildeten einen Zentralrat zur Leitung der Regierungsgeschäfte. Die Führung übernahm der bisherige Vollzugsratsvorsitzende Ernst Niekisch, der nun durch das entstandene Machtvakuum für kurze Zeit Regierungschef Bayerns war. Der Zentralrat sollte paritätisch aus den Rätegremien besetzt sein. Schließlich setzten sich fünf MSP-Funktionäre (u. a. die Gewerkschafter Albert Schmid und Karl Schmidt), sechs der USP, drei des Bauernbundes (Gandorfer) und einer der KPD (der Spartakist Levien) durch.[83] Das bisherige Leitungsgremium der Räte, der Vollzugsrat, wurde nicht aufgelöst, sondern in den Zentralrat integriert. So gehörte Kandlbinder nun auch zum neugebildeten Zentralrat, dessen Mitglieder bei Ausübung ihres Amtes absolute Immunität genossen.[84] Da es gelungen war, auch gemäßigte Kräfte in den Zentralrat zu bringen, konnte Ernst Niekisch die äußere Linke, die im Rätekongress bereits heftig agitierte und eine Räterepublik forderte, noch eingrenzen.

Der Rätekongress hatte sich nach dem Auseinanderlaufen des Landtags am 21. Februar zur höchsten Instanz des Volksstaates Bayern erklärt und wie sich Kandlbinder erinnert, am 23. Februar einen Aktionsausschuss aus 33 Mitgliedern aufgestellt. Die meisten der anfangs Nominierten scheinen der radikalen Linken angehört zu haben. Der beteiligte Kandlbinder berichtet, dass zwar auch Genossen der Mehrheitssozialdemokraten dabei waren, „allerdings nicht lange, diese hatten sich wieder gedrückt. Auch ich wollte dasselbe machen, um von dieser Gesellschaft loszu(kommen), um meine Arbeit in der Brauerei wieder aufnehmen zu können." Dies ging nicht in Erfüllung, weil die Sozialdemokraten bei der allgemein sich abzeichnenden Radikalisierung auf Kandlbinder nicht verzichten wollten. „Ich durfte das aber nicht tun", erklärt Kandlbinder, „es wurde mir von meinen Genossen gesagt, einer von uns muss bleiben, um die Fühlung mit dieser Gesellschaft nicht ganz zu verlieren ... "[85]

Als Anfang März der Aktionsausschuss des Rätekongresses neu gewählt wurde, war Kandlbinder wieder dabei, dieses Mal als einziger Mehrheitssozialdemokrat, der für München gewählt worden war.

Unter großem Kräfteeinsatz von MSP, Gewerkschaften und Bauernbund wurde bald darauf die Wiedereinsetzung von Landtag und Regierung, somit eine parlamentarische Entwicklung, beschlossen. Zwischenzeitlich gelang es dem Zentralrat nur mit Verhängung des Belagerungszustandes und eingeschränkter Pressefreiheit die Stadt München zu befrieden.[86]

Aus dem Krieg zurückkehrende Soldaten, darunter Joseph Schwarzenberger
(3. v. r.), schlossen sich der Rätebewegung an. Als gewählter Soldatenrat unter-
zeichnete Schwarzenberger für das 7. Feldartillerie-Regiment die Resolution
vom 1. März 1919, mit der sich die Soldaten der Münchner Kasernen hinter
die Räte stellten, solange Spartakisten und Kommunisten von der Herrschaft
ausgeschlossen blieben.

6. „ … die neugebildete Regierung Hoffmann hatte nichts zu reden … "

Dank der Einigung im Rätekongress konnte der Landtag am 17./18.
März mit Vertretern aller Parteien tagen. Der bisherige Kultusminister
Johannes Hoffmann wurde nun zum neuen Ministerpräsidenten ge-
wählt. Mit ihm stellten sechs Sozialdemokraten (vier MSP: Hoffmann,
Endres, Segitz, Schneppenhorst; zwei USP: Unterleitner, Simon),
ein Bauernbündler (Steiner) und ein Parteiloser (Frauendorfer) die
Regierung. Mit der Ernennung von Ernst Schneppenhorst zum Mi-
litärminister widersetzte sich Hoffmann der Ministerliste, die der

Rätekongress favorisiert hatte. Er hob das unter Eisner erlassene Staatsgrundgesetz vom 4. Januar auf und legte ein neues vor. Hier hieß es: „Die Minister sind dem Landtag verantwortlich. Der Landtag ist die gesetzgebende Kraft." Damit war formell die demokratisch-parlamentarische Republik verfassungsmäßig hergestellt, allerdings eingeschränkt durch das Ermächtigungsgesetz zugunsten der Regierung.[87]

Die neue Regierung hatte nun legal die Macht inne. Es gelang ihr aber nicht, sich gegen den Zentralrat durchzusetzen.[88] Knapp fasst der damalige Vollzugs- und Zentralrat Kandlbinder zusammen: „Der Rätekongress ist zusammengetreten, eine Regierung war nicht vorhanden, so dass wir die ganze Macht hatten, aber damit nichts anfangen konnten … die neugebildete Regierung Hoffmann hatte nichts zu reden, befohlen hat der Zentralrat."[89]

Der Zentralrat, der, seit die offizielle Regierung wieder in das Landtagsgebäude eingezogen war, im Wittelsbacher Palais tagte, konnte sich mit wichtigen und längerfristigen Maßnahmen seinerseits auch nicht durchsetzen, weil ihn das Regierungskabinett daran hinderte. Dies zeigte sich besonders in der Auseinandersetzung von Johannes Hoffmann mit seinem Industrie- und Handelsminister Josef Simon, dem einzigen Zentralrat im Ministerrang. Simon hatte ein Sozialisierungsgesetz vorgelegt, das nicht vorankam.

Trotz zahlreicher Ansätze die Wirtschaftslage zu verbessern, änderte sich für die Masse der Bevölkerung nichts. Die Menschen litten unter Hunger und froren. Ende März war noch einmal eine Kältewelle über Bayern hereingebrochen und es gab kaum Heizmaterial, insbesondere keine Kohlen.

Der Ruf nach Einführung der Räterepublik erhielt erneut Auftrieb, als bekannt wurde, dass am 20. März in Ungarn die Räterepublik proklamiert worden war. Wie standen Ernst Niekisch und seine Leute im Zentralrat dazu? Niekisch hatte als Vertreter der Räte aufgrund eines Kompromisses eine beratende Stimme im Ministerrat. Da die parlamentarische Regierung die Landtagsabgeordneten für den 8. April einberufen wollte, drängten jetzt ihre Gegner, vor allem die Wortführer Ernst Toller, Erich Mühsam, die Kommunisten Max Levien und Eugen Leviné auf eine schnelle Entscheidung.[90] Nun war die radikale Linke nicht mehr mit Teilhabe der Räte an einer parlamentarischen Regierung abzuspeisen. Jetzt stand die radikale Forderung nach einer Räterepublik zur Debatte und damit der Anspruch auf die unumschränkte Macht.

Der Anstoß zu einer dritten Revolution ging nicht von München aus, sondern von Augsburg, dem Zentrum der schlecht bezahlten Textilarbeiter. Hier hielt der gebürtige Augsburger Ernst Niekisch am 3. April eine Rede, in der er betonte, dass der einzig jetzt gangbare Weg sei, die gewählte parlamentarische Regierung des Sozialdemokraten Hoffmann zu unterstützen. Die Augsburger Räte stimmten aber – gegen seine Auffassung – mehrheitlich für die Errichtung der Räterepublik, für ein Bündnis mit den Sowjetregierungen Russlands und Ungarns sowie für ein Programm der Vollsozialisierung. Dies bewirkte einen Richtungswechsel in München. Am Freitag, den 4. April 1919 sprach sich der Zentralrat unter Androhung eines Generalstreiks gegen die Einberufung des Landtags aus und stellte sich damit eindeutig gegen die parlamentarische Regierung. Johannes Hoffmann war zu der Zeit in Berlin. Da die Garnison in München erklärte, sie bliebe im Fall einer Auseinandersetzung neutral und würde die parlamentarische Regierung nicht mit Waffengewalt unterstützen, wurde der Termin für den Zusammentritt des Landtags zurückgenommen. Der Zentralrat hatte sich eindeutig durchgesetzt.

Am selben Tag (dem 4. April) fanden weitere dramatische Ereignisse statt, die später für Kandlbinders Schicksal entscheidend wurden. Im Löwenbräukeller holten sich die Zentralratsmitglieder Ernst Niekisch und Arnold Wadler die Zustimmung der Massen für die Ausrufung der Räterepublik. Im Außenministerium traten am Abend etwa 30 Leute zusammen, darunter fünf Regierungsvertreter, auch Militärminister Schneppenhorst, um ergebnislos über die Ministerliste einer Räteregierung zu verhandeln.[91]

In den großen Wirtssälen des Huttenschen Gartens in Würzburg fanden Versammlungen der Arbeiter- und Soldatenräte statt. Georg Kandlbinder trat hier als Abgesandter des Münchner Zentralrats am 5. April 1919 als Redner auf.

7. Zeuge der entscheidenden Nachtsitzung vom 4. April 1919

Im Militärministerium fand spät abends eine Sitzung mit 100 bis 150 Personen statt, darunter waren drei amtierende Minister, mehrere Vertreter des Zentralrats und der Parteien (MSP, USP, KPD, BBB) sowie der Münchner Polizeipräsident Joseph Staimer. Von den sozialdemokratischen Teilnehmern sind bekannt: Stadtkommandant Oskar Dürr, die beiden Mitglieder des Landtags Hans Dill und Leonhard Horlacher, Karl Deininger, die Gewerkschafter Karl Schmidt, Gustav Schiefer, Otto Thomas, Albert Schmid, Frau Steinhaus, Minister Ernst Schneppenhorst, Zentralrat Ernst Nickisch, Rudolf Groen (Sekretär von Innenminister Martin Segitz) und Georg Kandlbinder. Bei der Abstimmung über die Einführung einer Räterepublik war die Mehrheit dafür, obgleich Erich Mühsam alle Konsequenzen wie Aufstellung einer Roten Armee, Umsetzung der Sozialisierung und Einrichtung von Revolutionstribunalen aufzählte. Auf dieser Versammlung sprachen sich nur die Vertreter der KPD unter ihrem Vorsitzenden Eugen Leviné (Niessen) einhellig gegen die Räterepublik aus, weil sie den MSP-Mitgliedern misstrauten und nicht gemeinsam mit ihnen regieren wollten.[92]

Daran erinnert sich Kandlbinder genau: „Besonders scharf hat sich Levinen Nissen gegen uns Sozialdemokraten ausgesprochen, nur Mühsam und Dr. Landauer und ein Teil der Bauernbündler (besonders Kübler) wollten unter allen Umständen schon am Samstag den 5. April die Räterepublik in München ausrufen." Dem Vorschlag von Ernst Schneppenhorst, noch 48 Stunden zu warten, wurde dann mehrheitlich zugestimmt. Ebenso wurde verabredet, Delegierte von München aus in mehrere Städte zu schicken, um dort alle linken Parteien für die Errichtung der Räterepublik zu gewinnen. Kandlbinder schreibt dazu: „Beschlossen wurde, drei Kommissionen einzusetzen, die nach Nordbayern zu fahren hatten, um dort Aufklärung zu schaffen und sich zu orientieren, wie die Stimmung sei für eine Räteregierung. Ich wurde bestimmt mit Sauber und Hagemeister nach Würzburg und Aschaffenburg, Josef Simon, Schneppenhorst und Mühsam nach Nürnberg, Brunner Mich. und Karl Kröpelin nach Bayreuth (zu fahren)".[93] Bis auf die beiden Letztgenannten waren alle als Kundschafter Ausgewählten selbst bei der Sitzung im Militärministerium anwesend. Es wurde abgesprochen, das Ergebnis dieser Mission abzuwarten. Der Stichtag für die Beschlussfassung wäre somit frühestens Montag, der 7. April gewesen.

Georg Kandlbinder hatte sich, wie er schreibt, anfänglich gegen eine aktive Mitwirkung ausgesprochen, offenbar wollte er nicht als Propagandist und Versammlungsredner für eine Räterepublik auftreten. „Ich hatte meine Bedenken geäußert mitzufahren, wurde aber besonders durch Schiefer und Schmidt Albert auf die Disziplin aufmerksam gemacht, um nicht wieder die USP alleinig zu lassen, sie selber wollen auf dem Gautag der MSP für die Räteregierung wirken."[94] Am Wochenende, den 5./6. April, als Kandlbinder mit seinen Genossen in Nordbayern unterwegs war, fand der südbayerische Gautag der Sozialdemokraten im Gewerkschaftshaus statt. Gustav Schiefer, der sich schon in der Nachtsitzung für die Räterepublik eingesetzt hatte, hielt wie versprochen auf diesem Gautag eine programmatische Rede, in der er verkündete,

Der Agitator Anton Waibel verkündete am 7. April 1919 auf dem Neumünster-
platz in Würzburg die Räterepublik. Dazu die satirische Zeichnung von Heiner
Dikreiter aus den „Fränkischen Flugblättern".

dass die Gewerkschaft sich von der Politik der letzten Monate abwende
und nun „ehrlichen Herzens" an der Räterepublik mitarbeiten wolle.[95]
Insgesamt sprach sich der Parteitag aber nur dann für die Räterepublik
aus, wenn alle drei sozialistischen Parteien mitarbeiteten: nur 30 von
223 Delegierten waren ganz ohne Einschränkung dafür.[96]
Warum traten jetzt viele führende Gewerkschafter und Parteigrößen
der MSP, die bisher immer mäßigend gewirkt hatten, rückhaltlos für
die Räterepublik, einer sozialistischen Diktatur, ein? Ein Hauptmotiv
war sicherlich die Angst, den Zug nach links zu verpassen, wenn die Arbeitermassen sich noch mehr radikalisieren sollten. Die Entscheidung
der Augsburger hatte die Sozialdemokraten alarmiert. Sollten sich die
Arbeiter hinter die radikale Linke stellen, hatte die MSP ausgespielt.
Die Gefahr bestand, dass auch ihre bisherige Anhängerschaft die Geduld verlieren könnte, besonders deshalb, weil die wirtschaftlichen Probleme weiter wuchsen.
Weder der Zentralrat als Übergangsregierung, noch die Regierung
Hoffmann waren seit ihrer Installierung fähig gewesen, an der schlechten wirtschaftlichen Lage etwas zu ändern, Arbeitslosigkeit, Lebensmit-
telversorgung und Wohnungsnot in den Griff zu bekommen oder auch
nur die Verschärfung der politischen Gegensätze aufzuhalten. Sollte ein
erneuter Umsturz kommen, wollten die Sozialdemokraten der MSP
und die Gewerkschaft nicht abseits stehen, wollten auch bereits etablierte Minister wie Schneppenhorst und Segitz die Macht nicht verlieren. Wie Kandlbinder notiert, traten besonders diese „mit ihrem ganzen
Herzblut" für die Räterepublik ein.[97]
Der Arbeiterrat Georg Kandlbinder durchschaute erst später, dass besonders Männer wie der Sozialdemokrat Schneppenhorst sich nicht
eindeutig entschieden, sondern sich für alle erdenklichen Fälle absicher-
ten. Der Parteidisziplin entsprechend schloss sich Kandlbinder den am
4. April neu verabredeten Richtlinien der gewerkschaftsnahen Sozialdemokraten an und war der festen Meinung, dass eine Räterepublik
kommen werde.[98]

Wie hier dargestellt, wurden die Verhandlungen, die zur Räterepublik führten, keineswegs nur von einem Häuflein Kommunisten und Anarchisten gesteuert. Wendige Spitzenvertreter der Sozialdemokratischen Partei und der Gewerkschaften saßen mit im Boot, waren aber notfalls auch wieder zum sofortigen Absprung bereit. Noch Jahre später, als Kandlbinder sich rückblickend erinnerte, schrieb er, diese Nachtsitzung „kann (ich) heute noch nicht verstehen.“[99]

8. Als Abgesandter des Münchner Zentralrats in Würzburg und Aschaffenburg

Am 5. April, einem Samstagvormittag, kündigte ein Telegramm die Ankunft der Münchner Räte in Würzburg an. Mit Georg Kandlbinder fuhren August Hagemeister und Fritz Sauber, beide Mitglieder der USP. Der gelernte Kellner und Gewerkschaftsfunktionär Sauber war ein führender Vertreter des Soldatenrats und stand in der USP links außen. Kandlbinder, der diese Begleitung nicht unbedingt schätzte, sollte auf Drängen seiner Gewerkschaftsgenossen bei der geplanten Aktion als

Die Mehrheitssozialisten Würzburgs gegen die Räterepublik.

In einer überfüllten Versammlung im Kolosseum, die sich mit der Stellungnahme der Partei zur Räterepublik befaßte, kam nach eingehenden Verhandlungen der Sozialdemokratische Verein Würzburg zu folgender gegen eine Stimme angenommenen Entschließung:

„Die heute am 7. April im Kolosseum tagende Mitgliederversammlung des Sozialdemokratischen Vereins Würzburg erklärt sich aus politischen und wirtschaftlichen Gründen gegen die Räterepublik im Volksstaate Bayern.

Die Versammlung verlangt von allen Mitgliedern des Sozialdemokratischen Vereins, daß sie jede Übernahme von Regierungs- oder Verwaltungsstellen ablehnen und damit die volle Verantwortung denen überlassen, die der bisherigen Regierung eine geordnete Fortführung ihrer Geschäfte unmöglich machten."

Die Sozialdemokraten Würzburgs distanzierten sich schon am 7. April 1919 aus wirtschaftlichen und politischen Gründen von der Räterepublik. Die Herrschaft der „Spartakisten", wie die Räterepublikaner in der Würzburger Presse durchweg hießen, war bereits zwei Tage später mit Waffengewalt beendet worden.

Vertrauensmann der MSP mitreisen. Schnell in Druck gegebene Plakate informierten über die am Abend im Huttenschen Garten in Würzburg mit den Abgesandten des Münchner Zentralrats stattfindende Versammlung. Auf dem Plakat wurden Fritz Sauber und fälschlicherweise auch Felix Fechenbach als Referenten des Zentralrats angekündigt. Die nicht als zündende Agitatoren bekannten Kandlbinder und Hagemeister waren ursprünglich nicht als Redner vorgesehen. Der Aufruf zur Kundgebung lautete: „Das Gebot der Stunde. Mehrheitssozialisten! Unabhängige! Kommunisten! Die Proletarier vereinigen sich".[100] Jeder der drei Münchner Delegierten hielt vor einer großen Zuhörerschaft in den bekannten Bierhallen des Huttenschen Gartens eine Rede. Übereinstimmend erklärten sie, dass einer Räteherrschaft nichts im Wege stehen würde, die Geschlossenheit des Proletariats sei aber die Voraussetzung für ein Gelingen. Während Kandlbinder kurz und zurückhaltend im Sinn des Themas gesprochen haben soll, trat Fritz Sauber, dessen Rede noch in den Würzburger Archivunterlagen zu finden ist, als mitreißender Rhetoriker auf. Er schwärmte von einer besseren Zeit, die bevorstehe, weil die Uhr des Kapitalismus bald abgelaufen sei. Nach der Vereinigung mit Russland und Ungarn kämen von dort Lebensmittel genug, um die Menschen vor dem Verhungern zu retten. Er schloss seinen aufwiegelnden Vortrag mit dem Aufruf zum Umsturz.[101]

Diese Versammlung war „ohne Störung verlaufen", so Kandlbinder später.[102] Darauf wurde der radikale Anton Waibel die treibende Kraft für die Errichtung der Räterepublik in Würzburg, die für kurze Zeit Bestand hatte, obwohl sich die Würzburger MSP von ihr distanzierte.[103]

Am Sonntag, den 6. April fuhren die drei Münchner Delegierten nach Aschaffenburg weiter. Hier bildete die Linke eine deutliche Minderheit. 3.000 bis 4.000 Menschen versammelten sich zur geplanten Kundgebung um sechs Uhr abends auf der Aschaffenburger Großmutterwiese. Nach dem Soldatenrat Fritz Sauber, dessen Rede starken Widerspruch im Publikum hervorrief, sprach Rechtsanwalt Rieth, ein Mitglied der Deutschen Demokratischen Partei. Er stärkte mit vielen Argumenten die Gegner einer Räterepublik. Als nächster kam Georg Kandlbinder als Abgesandter der MSP zu Wort. Laut Protokoll der Kriminalabteilung Aschaffenburg erklärte er, dass „auch die Mehrheitssozialdemokratie, dem Stand der Dinge Rechnung tragend, sich für die Räterepublik entschlossen habe." Um noch Unentschlossene aus dem bäuerlichen Umfeld zu gewinnen, berief sich Kandlbinder ausdrücklich auf den Bayerischen Bauernbund, der ebenfalls auf Seiten der Räterepublik stehe. Mit dem Fazit „Die Räterepublik werde kommen, auch wenn sich die bürgerlichen Kreise dagegen sträubten. Sie sei nicht aufzuhalten", soll er seine Ausführungen geschlossen haben.

Der protokollierende Kriminalbeamte erkannte das Wesentliche an der Aussage des gemäßigten Sozialdemokraten: Er hielt die Rede Kandlbinders zwar für kurz, schätzte sie aber als bedeutend ein, weil nun „offen gesagt" sei, dass auch die Mehrheitssozialdemokraten für die Räterepublik eintreten würden.[104]

Die Räte aus München konnten in Aschaffenburg aber die breite Bevölkerung nicht auf ihre Seite ziehen. „Das Bürgertum hat sich zur Opposition gestellt, beschlossen wurde nichts," erinnert sich Kandlbinder an diesen Tag. Wegen der unsicheren Stimmungslage blieben die drei Delegierten noch in der Stadt.[105]

Kurz zurück zum Schauplatz München: Hier wurde bereits am Sonntag, den 6. April die Ausrufung der Räterepublik intern beschlossen und die Regierung neu gewählten Volksbeauftragten übertragen. Dies war gegen die Verabredung, denn den nach Nordbayern Abgesandten war versichert worden, dass vorher ihr Bericht, ob sich die linken Parteien im Lande geeinigt hätten, angehört würde.

Kandlbinder erlebte mit seinen zwei Genossen Hagemeister und Sauber den Tag, an dem in München die Räterepublik öffentlich proklamiert wurde, in Aschaffenburg. Er schreibt darüber: „Am Montag, den 7. April kam die Nachricht aus München, dass die Räterepublik ausgerufen und Nationalfeiertag sei. Die Bürgerlichen machten wieder eine Demonstration auf die Großmutterwiese, auch die Arbeiter folgten, gesprochen konnte nichts werden, die Redner wurden von beiden Seiten niedergeschrieen". Wie er weiter berichtet, zogen die Bürgerlichen durch die Stadt und sangen „Deutschland über alles", Arbeiter und Soldaten jedoch zur Jägerkaserne.[106]

Die Fakten bestätigen diesen Bericht. Im Anschluss an die turbulente Versammlung vom 7. April waren Sauber, Hagemeister und Kandlbinder, die drei Vertrauensmänner des Münchner Zentralrats mit Soldaten, Arbeitern und führenden Räten Aschaffenburgs in die Kaserne des Jägerbataillons gegangen, um für ihre Sache zu werben. Bei einem Treffen von USP und MSP im Aschaffenburger Gewerkschaftshaus beschlossen

An das Volk in Baiern!

Die Entscheidung ist gefallen. Baiern ist Räterepublik. Das werktätige Volk ist Herr seines Geschickes. Die revolutionäre Arbeiterschaft und Bauernschaft Baierns, darunter auch all unsre Brüder, die Soldaten sind, durch keine Parteigegensätze mehr getrennt, sind sich einig, daß von nun an jegliche Ausbeutung und Unterdrückung ein Ende haben muß. Die Diktatur des Proletariats, die nun zur Tatsache geworden ist, bezweckt die Verwirklichung eines wahrhaft sozialistischen Gemeinwesens, in dem jeder arbeitende Mensch sich am öffentlichen Leben beteiligen soll, einer gerechten sozialistisch-kommunistischen Wirtschaft.

Der Landtag, das unfruchtbare Gebilde des überwundenen bürgerlich-kapitalistischen Zeitalters, ist aufgelöst, das von ihm eingesetzte Ministerium zurückgetreten. Von den Räten des arbeitenden Volks bestellte, dem Volk verantwortliche Vertrauensmänner erhalten als Volksbeauftragte für bestimmte Arbeitsgebiete außerordentliche Vollmachten. Ihre Gehilfen werden bewährte Männer aus allen Richtungen des revolutionären Sozialismus und Kommunismus sein; die zahlreichen tüchtigen Kräfte des Beamtentums, zumal die unteren und mittleren Beamten, werden zur tatkräftigen Mitarbeit im neuen Baiern aufgefordert. Das System der Bureaukratie aber wird unverzüglich ausgetilgt.

Die Presse wird sozialisiert.

Zum Schutze der bairischen Räterepublik gegen reaktionäre Versuche von außen und von innen wird sofort eine rote Armee gebildet. Ein Revolutionsgericht wird jeden Anschlag gegen die Räterepublik sofort rücksichtslos ahnden.

Die bairische Räterepublik folgt dem Beispiel der russischen und ungarischen Völker. Sie nimmt sofort die brüderliche Verbindung mit diesen Völkern auf. Dagegen lehnt sie jedes Zusammenarbeiten mit der verächtlichen Regierung Ebert-Scheidemann-Noske-Erzberger ab, weil diese unter der Flagge einer sozialistischen Republik das imperialistisch-kapitalistisch-militaristische Geschäft des in Schmach zusammengebrochenen deutschen Kaiserreichs fortsetzt.

Sie ruft alle deutschen Brudervölker auf, den gleichen Weg zu gehen. Allen Proletariern, wo immer sie für Freiheit und Gerechtigkeit, wo immer sie für den revolutionären Sozialismus kämpfen, in Württemberg und im Ruhrgebiet, in der ganzen Welt, entbietet die bairische Räterepublik ihre Grüße.

Zum Zeichen der freudigen Hoffnung auf eine glückliche Zukunft für die ganze Menschheit wird hiemit der 7. April zum Nationalfeiertag erklärt. Zum Zeichen des beginnenden Abschieds vom fluchwürdigen Zeitalter des Kapitalismus ruht am Montag, den 7. April 1919, in ganz Baiern die Arbeit, soweit sie nicht für das Leben des werktätigen Volkes notwendig ist, worüber gleichzeitig nähere Bestimmungen ergehen. —

Es lebe das freie Baiern! Es lebe die Räterepublik! Es lebe die Weltrevolution!

Der revolutionäre Zentralrat Baierns:

Nickisch, Gustav Landauer, Erich Mühsam, Gandorfer (Bauernrat), Dr. Franz Lipp, Albert Schmid.

Für den revolutionären Soldatenrat:

Kohlschmid, Johann Wimmer, Max Mehrer.

Proklamation „Baiern ist Räterepublik". Sozialistische Utopien wurden Programm. Der 7. April 1919, ein Montag, wurde „zum Zeichen des beginnenden Abschieds vom fluchwürdigen Zeitalter des Kapitalismus" zum arbeitsfreien Tag erklärt.

dann beide Parteien, sich auf eine gemeinsame Handlungsweise zu einigen. Ihre Parteimitglieder wurden durch die Überzeugungsarbeit der drei Münchner Delegierten dazu gebracht, zusammen einen Aktionsausschuss zu bilden. Er sollte die Anweisungen des Münchner Zentralrats bei der Machtübernahme ausführen.[107]

Als Kandlbinder, so berichtet er selbst, am Dienstagmorgen, den 8. April in der Frankfurter Zeitung die Namen der Volksbeauftragten für die Räterepublik Baierns (so die neue Schreibweise) las, musste er erstaunt feststellen, dass kein einziger seiner Genossen von den Mehrheitssozialdemokraten dabei war. Seine Mission in der Provinz lautete doch ausdrücklich, auf eine Vereinigung aller Parteien hinzuarbeiten, damit sie dann gemeinsam die Räteregierung bildeten. Als Volksbeauftragte waren nun in München nur USP-Leute, darunter auch Hagemeister, aufgestellt worden, aber keine Mitglieder von MSP oder KPD. Irgendetwas war anders gelaufen, als es verabredet worden war. „Nun wisse man gar nicht mehr, woran man sei", habe Kandlbinder in dieser Situation Sauber gegenüber geäußert.[108]

Er trennte sich nun sofort von Sauber und Hagemeister, verließ Aschaffenburg und nahm den Zug nach München. Hagemeister und Sauber fuhren wieder nach Würzburg. Sie wurden hier einen Tag später beim Versuch, die Soldaten der Artillerie für die Räterepublik zu gewinnen, von Major Hans von Seißer, dem späteren Leiter der bayerischen Landespolizei, verhaftet.[109]

In Würzburg, Aschaffenburg und weiteren Städten wie Schweinfurt und Lohr brach die Räteherrschaft schnell wieder zusammen. „Die Räterepublik in Nordbayern war erledigt", kommentiert Kandlbinder.[110]

9. Im Revolutionären Zentralrat der ersten Räterepublik

Am 8. April, wieder zurück in München, erfuhr Kandlbinder genauer, was geschehen war. Eine Landeskonferenz der MSP am 6. April in Nürnberg, an der auch der vorher bei der Reichsregierung in Berlin weilende Ministerpräsident Hoffmann und Militärminister Schneppenhorst teilnahmen, hatte der Räterepublik eine eindeutige Absage erteilt. Auch Schneppenhorst trug den plötzlichen Kurswechsel mit. Damit war die bedeutende Arbeiterstadt Nürnberg mit dem Sitz des III. bayerischen Armeekorps für die Räterepublik verloren.[111] Georg Kandlbinder hörte nun auch, was sich am 6. April im Wittelsbacher Palais, als die Räterepublik beschlossen wurde, in

Erich Mühsam im Wittelsbacher Palais, dem Sitz des revolutionären Zentralrats. Auch Georg Kandlbinder war Mitglied dieses Gremiums. Kurz nach der Aufnahme dieses Fotos wurden die Zentralräte verhaftet.

München abgespielt hatte. Hier am Sitz des Zentralrats hatten 70 bis 150 Teilnehmer getagt, darunter Minister Steiner vom Bayerischen Bauernbund als einziger Angehöriger der Regierung Hoffmann. Die Mehrheit der Anwesenden gehörte der USP an, wenige wie Ernst Niekisch und die Gewerkschafter Albert Schmid und Otto Thomas der MSP. Die „Volksbeauftragten", die nun hier als Nachfolger des Kabinetts Hoffmann gewählt wurden, gehörten bis auf zwei Bauernbündlern, der USP an. Als Volksbeauftragter für das Militärwesen fiel die Wahl auf den als radikal geltenden Münchner Soldatenrat Otto Killer.[112]

An die Münchener Bevölkerung!

Die tollsten Gerüchte werden von unbedenklichen Politikern in die Welt gesetzt und von der verängstigten Bevölkerung geglaubt und mit immer neuen und wilderen Zutaten versehen.

Volksgenossen! Ihr wißt nicht, was Räte-Republik heißt. Ihr werdet sie jetzt an der Arbeit sehen. Die Räte-Republik bringt die neue Ordnung. Die Räte-Republik schützt die Schwachen, zu denen auch weite Kreise des Mittelstandes und der kleineren und mittleren Beamten gehören.

Niemand denkt daran, Eure Sparkassen-Guthaben anzutasten!

Für den Schutz der Stadt München wird ausgiebig gesorgt.

Wer plündert, wird erschossen!

Ausschnitt eines Flugblattes vom 8. April 1919, mit dem der revolutionäre Zentralrat unter Ernst Niekisch die Münchner Bevölkerung beruhigte: „Die Räterepublik schützt die Schwachen, zu denen auch weite Kreise des Mittelstandes und der kleineren und mittleren Beamten gehören."

Wann hatte es Direktiven an die oberen MSP- und Gewerkschaftsführer gegeben, sich nicht mehr an der Räterepublik zu beteiligen? Warum kämpfte keiner mehr aus den Reihen der Mehrheitssozialdemokraten um ein Amt zum Volksbeauftragten, obgleich es doch unter ihnen viele Befürworter der Räteregierung gegeben hatte? Dies sind nicht mehr zu klärende Fragen.

Nun standen sich jedenfalls zwei Regierungen, die des Ministerpräsidenten Hoffmann (mehrheitlich MSP) und die der Volksbeauftragten (mehrheitlich USP) feindlich gegenüber. Ministerpräsident Hoffmann flüchtete deshalb mit seinem Kabinett, aus dem die Minister der USP ausgeschieden waren, nach Bamberg.

In München dagegen herrschten die Räte unter Führung der USP. Im neu gebildeten Revolutionären Zentralrat, der den Volksbeauftragten übergeordnet wurde, setzte sich ebenfalls die USP durch. Nur noch anfangs blieb Ernst Niekisch im Amt. Am 8. April trat er, als „ein Mann der mittleren und gemäßigten Linie bekannt" zurück. Sein Nachfolger wurde der 25-jährige Ernst Toller.[113]

Kandlbinder ging am 10. April wieder in das Wittelsbacher Palais „zu meiner Arbeit in den Vollzugsrat der Arbeiterräte." Er schreibt dazu: „Der vergrößerte Zentralrat hat wieder in Permanenz getagt im Auftrag der Räteregierung und waren auch einige Genossen von uns dabei, aber nur solche zweiter Garnitur, sonst waren es lauter fremde Gesichter, ein heilloses Durcheinander ... Die Arbeiterräte waren noch gesetzlich, folge dessen blieb ich im Vollzugsrat tätig."[114]

Er war nun eines der letzten Mitglieder der MSP, die – vermeintlich der Partei und Gewerkschaft treu – wohl eher widerwillig ihre Pflicht erfüllten und sich dem Revolutionären Zentralrat, der aus circa 60 Mitgliedern bestand, zur Verfügung stellten.[115] Als gewählter Arbeiterrat sah sich Kandlbinder offensichtlich immer noch als ein legitimierter Vertreter des Volkes und damit als Teil der Regierung.

Pragmatisch wie er war, hatte er sich, obgleich von seiner Mentalität her eher gemäßigt und vorsichtig, in den ersten Apriltagen den Räterepublikanern in seiner Partei, den Genossen und Gewerkschaftern aus seiner nächsten Umgebung, Ernst Niekisch, Otto Thomas, Albert Schmid und Gustav Schiefer angeschlossen. Hatte doch noch kürzlich Albert Schmid im Thomasbräu bei einer Versammlung, an der Kandlbinder mit Sicherheit organisatorisch beteiligt war, erklärt: „Die Gegensätze innerhalb der Sozialisten müssen endlich einmal überwunden werden. Von den Tausenden von Offizieren, die in den Kämpfen von der Reichsregierung verwendet werden, drohe die Gefahr der Reaktion. Das Volk wolle Taten ... Hunderttausende von Genossen verlangen, dass endlich auch einmal in der Magenfrage etwas geschieht. Die Parteileitung und die Regierung muss begreifen, dass der Zug nach links geht."[116]

Kandlbinder nahm diese Aussagen ernst und blieb. Ernst Niekisch hatte die Zeichen der Zeit erkennend, bereits am Dienstag, den 8. April den Vorsitz im Revolutionären Zentralrat aufgegeben. Auch Otto Thomas, den Kandlbinder nach seiner Rückkehr von Würzburg am Bahnhof getroffen hatte, war, wie er ihm dort mitteilte, aus Ärger über die Politik der sozialdemokratischen Führung aus der MSP ausgetreten.[117]

Der aufrechte Parteisoldat Georg Kandlbinder verlor jedoch im Richtungsstreit seiner Partei die Orientierung, das erkannte er aus der zeitlichen Distanz zu den Ereignissen heraus selbst: „Unsere Parteileitung hat vollständig versagt. Seit Auer niedergeschossen, war eine solche nicht mehr vorhanden und das ist mein Verhängnis geworden."[118]

Auf einer wieder im Thomasbräu stattfindenden Generalversammlung der MSP unter Mitwirkung von Albert Schmid und Gustav Schiefer, entschloss sich die Parteileitung letztendlich, eine Urabstimmung über die Frage, ob Räterepublik oder nicht, durchzuführen. Am Samstag, den 12. April konnten die Leser der „Münchener Post" das Ergebnis erfahren. Von 20.000 Mitgliedern, welche der MSP insgesamt angehörten, hatten sich am Vortag nur 7.000 auf den Weg in die Wahllokale begeben, fast zwei Drittel sich also der Wahl enthalten. Von diesen sprachen sich 3.507 gegen und 3.479 für die Räterepublik aus.[119] Kandlbinder machte noch im Nachhinein seiner Parteileitung den Vorwurf, dass sie ihn nach diesem Abstimmungsergebnis nicht sofort aus dem Zentralrat („dieser Körperschaft") zurückgezogen habe. Offenbar hatte die Parteiführung dem Wahlergebnis nicht getraut. Die Vermutung lag ja nahe, dass viele der Arbeiter, die nicht zu den Wahllokalen gingen, Anhänger einer Räterepublik waren.

Ein letzter Versuch, die linken Parteien zu einigen, wurde vom Revolutionären Zentralrat am Freitag, den 11. April auf einer Versammlung im Hofbräuhaus unternommen. Er scheiterte, weil auch dieses Mal eine aktive Mitarbeit der KPD an der Räterepublik nicht erreicht werden konnte.

Nur eine Parteispitze mit großem Charisma und Gestaltungsvermögen hätte es jetzt vielleicht noch schaffen können, alle Linksparteien zusammenzubringen, um gemeinsam eine positive Entwicklung für die Arbeiterbewegung herbeizuführen.

An die
Arbeiterschaft Münchens!
Alle über 20 Jahre alten Arbeiter, die sich zurzeit in Arbeit befinden, werden bewaffnet.

Voraussetzung ist die Mitgliedschaft in einer sozialistischen oder freigewerkschaftlichen Organisation.
Meldung der Arbeiter erfolgt in folgenden Lokalen täglich von 8 Uhr früh bis 7 Uhr abends:

Haidhausen: Münchner Kindl-Keller
Giesing: Salvator-Keller
Au: Wagnerbräu
Schwabing: Schwabinger Brauerei
Nordend: Max-Emanuel-Brauerei
Briennerviertel: Gabelsberger Brauerei
Neuhausen-Nymphenburg: Benno-Brauerei
Westend: Hacker-Keller
Sendling: Elysium
Schlachthaus-Viertel: Thomasbräu
Altstadt: Kolosseums-Bierhalle

Dort werden die Arbeiter unter Vorzeigung der Mitgliedsbücher und eines Arbeits-Ausweises in
Listen eingetragen. Art der Bewaffnung ist dort zu erfahren. Die Arbeitslosen werden aufgefordert, sich
der Republikanischen Schutztruppe anzuschließen und in deren Reihen aufnehmen zu lassen.

Bewaffnungs-Kommission des Zentralrates: Killer.

Druck von Auer & Dietz in München.

*Nach Ausrufung der Räterepublik wurden alle Arbeiter, die gewerkschaftlich
oder parteilich organisiert waren, bewaffnet. Ausgabestellen waren in den großen
Münchner Bierbrauereien (April 1919).*

10. Festnahme beim Palmsonntagsputsch
am 13. April 1919

Die oberste Führung der MSP befand sich seit Sonntag, den 6. April im
sicheren Bamberg. Von hier aus startete sie erste propagandistische Aktionen gegen den Münchner Zentralrat und die Volksbeauftragten. Am
Donnerstag, den 10. April kursierte ein Flugblatt mit der Erfolgsmel-
dung, dass die „spartakistischen Rädelsführer" aus München, „darunter
Sauber und Hagemeister mit ihrem ganzen Anhange" verhaftet worden
seien. Als Reaktion darauf beschloss der Revolutionäre Zentralrat in
München Geiseln festzunehmen, was aber scheiterte. Mit Hagemeister
und Sauber, beide keine Spartakisten, sondern Unabhängige Sozialdemokraten, war Kandlbinder nach Nordbayern gefahren und nur durch
seine sofortige Rückreise am 8. April dem gleichen Schicksal in Würzburg entgangen.

ROTE ARMEE

Die rote Armee der Räterepublik Baierns hat den Zweck, die Republik der revolutionären Arbeiter, Bauern und Soldaten gegen jede gegenrevolutionären Angriffe von außen und innen zu schützen und für Ordnung und Sicherheit Gewähr zu leisten. Die rote Armee ist eine freiwillige.

Aufnahmebedingungen:

Es können nur Angehörige aller arbeitenden Klassen aufgenommen werden, die auf dem Boden der Räterepublik stehen.

Vorbedingungen für die Aufnahme in die rote Armee:

1. Altersgrenze vollendetes 23. bis 45. Lebensjahr [Ausnahme möglich].
2. Körperliche Rüstigkeit.
3. Keine Strafen wegen ehrloser Handlungen [Strafe wegen politischer Vergehen ausgenommen].
4. Gründliche Ausbildung mit einer Waffe oder sonstigen militärischen Hilfsmitteln [Technische Truppen, Sanitätspersonal, mil. Handwerker usw.].
5. Zugehörigkeit zu einer sozialistischen oder freigewerkschaftlichen Organisation der klassenbewußten Arbeiterschaft. Bisherige Berufssoldaten, welche sich ohne Vorbehalt auf den Boden der Räterepublik stellen.
6. Erwerbslose, welche die oben gestellten Bedingungen erfüllen, werden in erster Linie eingestellt.
7. Als Stamm für die neue Armee werden die bestehenden Formationen übernommen.
8. Alle in die rote Armee Eintretenden werden durch Handschlag auf die Räterepublik verpflichtet.
9. Strengste Disziplin und unbedingter Gehorsam wird gefordert.

Jeder Angehörige der roten Armee erhält ein Diensttagegeld von M. 6.- nebst M. 1.- Treuprämie sowie Verpflegung, Unterkunft und Bekleidung. Verheiratete [Selbstverpfleger] erhalten M. 5.- Zulage für Verpflegung und Unterkunft sowie für München eine Teuerungszulage von M. 2.50 pro Tag.

Angeworben wird:

a] für München: Ortsansässige eines hiesigen Truppenteils beim Truppenteil;
b] in den übrigen Garnisonen: bei den dort bestehenden Truppenteilen.

Das Werbebüro im städtischen Wehramt [Winzererstraße] besteht aus einer Kommission, die sich aus Arbeiter-, Soldaten- und Bauernräten zusammensetzt. Der Vorsitzende dieser Kommission ist Kamerad und Genosse Wimmer vom Vollzugsausschuß des baierischen Landessoldatenrates.

Die Werbung beginnt Donnerstag, den 10. April 1 Uhr mittags. Militärpapiere sowie die aus obigen Bedingungen hervorgehenden Unterlagen sind mitzubringen.

Ueber Bewaffnung des Städte-Proletariats sowie der Bauern erfolgen sofort gesonderte Bestimmungen.

Zentralrat	Volksbeauftragter	Landessoldatenrat	Korpssoldatenrat
gez. Niekisch.	gez. Reichart.	gez. Wimmer.	gez. Eichner.

München Buchdruckerei A. Müller & Sohn.

Aufgrund des militärischen Sperrriegels, den die Regierung Hoffmann entlang der Donau aufbauen ließ, wurde die Räterepublik isoliert und die Transportwege unterbrochen. Durch den Mangel an Lebensmitteln und vor allem Kohlen wurde die Lage immer bedrohlicher.

Noch am 10. April schickte Ernst Niekisch, der schon zurückgetretene Vorsitzende des Zentralrats, einen verzweifelten Appell an seinen Parteigenossen Hoffmann nach Bamberg. Er halte es für seine Pflicht, schrieb er, „alles zu tun, um den Bürger-, Bruder-, Proletarierkrieg" zu vermeiden ... „Die alte Regierung ruft Nordbayern zum Kampf gegen Südbayern und scheint sich in diesem Kampfe alter reaktionärer Offiziere bedienen zu wollen ... Brüder werden von einer sozialistischen Regierung gegen Sozialisten geführt. Ich brauche nicht viel Worte zu verlieren, um das Ungeheuerliche und Tragische dieser Situation zu schildern. Sie glauben diesen Kampf gegen eigene Parteigenossen organisieren zu müssen, um den Grundsatz der Demokratie zu retten gegen die, denen es mehr um den Sozialismus als um die Demokratie zu tun ist. Sie glauben noch immer an das Recht des bürgerlich kapitalistischen Parlamentarismus uns gegenüber ... , die wir an das Recht des Rätesystems glauben." Er wies auf zwei bedeutende Persönlichkeiten, Albert Schmidt, den ersten Gewerkschaftsvorsitzenden in München und den Stadtkommandanten Oskar Dürr hin, die deutliche Befürworter der Räterepublik seien. Mit dem Aufruf einen Kompromiss zu suchen, „der den Räteanhängern genügt, mit dem Parlamentarier sich abfinden", damit das „Allerschlimmste" vermieden werde, beendete Niekisch seinen Brief.[120] Weitere Friedensangebote von München nach Bamberg blieben ohne Resonanz.

Zum Schutz der von Norden her bedrohten Räterepublik beschloss der Revolutionäre Zentralrat, die Münchner Truppen durch den Aufbau einer Roten Armee zu verstärken und die Arbeiter zu bewaffnen.[121] Georg Kandlbinder gehörte der neugebildeten Kommission für Volksbewaffnung an. Die ersten Waffen erhielten die Arbeiter bei Maffei. Als zwei Tage später, am 12. April, die 2.100 in der Neuaubinger

Plakat zur Werbung von Mitgliedern für die Rote Armee anlässlich der Bewaffnung der Arbeiterschaft, April 1919.

Zentralwerkstätte der Bayerischen Staatsbahnen beschäftigten Arbeiter auch bewaffnet werden wollten, fehlte es offenbar bereits an Material. Kandlbinder konnte dort nur mehr ein oder zwei Maschinengewehre bereitstellen lassen.[122]

Als die Zentralräte am 12. April über die schon von der Räterepublik abgefallenen bayerischen Städte und die dadurch immer gefährlicher werdende Situation diskutierten, kam heraus, wie unvorbereitet man im Verteidigungsfall war. Auf die Frage Ernst Tollers, wie es um die Volksbewaffnung stehe, schilderte Kandlbinder die Situation: „Er habe heute den ganzen Tag hier und auswärts in dieser Angelegenheit zu tun gehabt, habe bereits zweimal mit dem Genossen Reichart gesprochen und müsse die traurige Tatsache konstatieren, dass mit dem besten Willen keine Gewehre herausgegeben werden könnten, weil nichts da sei. Man müsse sehen, ob man nicht anders woher Waffen bekomme; denn mit Holzprügeln und Besenstielen könne man nicht durchbrechen … die Verteilung erfolge … im Zeughause. Aber wenn dort auch nichts vorhanden sei, könne man eben nichts ausgeben." Der in dieser Sitzung nicht anwesende Gewerkschafter Wilhelm Reichart, seit 8. April 1919 Volksbeauftragter für das Militärwesen, hielt offensichtlich mit dem Zentralrat nicht ausreichend Kontakt.[123] Um der zunehmenden militärischen Bedrohung entgegenzuwirken, müsse man, so die Mitglieder des Zentralrats, die Sperre gewaltsam durchbrechen, um in Amberg Gewehre zu requirieren. Der sonst immer mäßigende Kandlbinder befürwortete diese Aktion ausdrücklich. Die Räterepublikaner fühlten sich in die Enge getrieben und fürchteten den militärischen Gegenschlag.

Die Sitzung vom 12. April sollte die letzte des Revolutionären Zentralrats sein. Der Gegenschlag kam, aber noch nicht von Norden, sondern direkt aus dem Zentrum der Räterepublik in München. Der Revolutionäre Zentralrat, der am 7. April völlig unblutig an die Macht gekommen war, hatte zu diesem Zeitpunkt noch nicht eine Woche regiert.

Der Münchner Putsch gegen die Räteregierung wurde von Alfred Seyfferitz sowie Walter Löwenfeld, Franz Gutmann und Hermann Ewinger,

*Der Sozialdemokrat Johannes Hoffmann verließ
mit seinen Ministern und den Abgeordneten des
Landtags das revolutionäre München und wich nach
Bamberg in die Residenz aus. Aus Furcht vor An-
schlägen ließen sich Regierung und Abgeordnete von
Garnison, Polizei und Bürgerwache beschützen. Hier
ein Kontrolleur an der westlichen Ecke der Alten
Hofhaltung am 9. Juni 1919 in Bamberg.*

München-Hauptbahnhof im Besitz der roten Garde.

alle drei Mehrheitssozialdemokraten, inszeniert. Seyfferitz war Kommandant der Republikanischen Schutztruppe, die sich aus ehemaligen Frontsoldaten gebildet hatte und anfänglich wie alle Truppen hinter der Räterepublik stand. Erst als sich der Wind zu drehen begann, stellte er sich hinter Hoffmann. Für die Aktion gegen den Zentralrat holte sich Seyfferitz die Einwilligung bei Ministerpräsident Hoffmann und Minister Schneppenhorst in Bamberg.

Diesen kam offensichtlich der Putschplan sehr gelegen, wenn sie sich selbst auch nicht daran beteiligten. Vorerst zögerte der Ministerpräsident noch, gegen den Zentralrat und damit auch gegen seine Genossen militärisch vorzugehen. Andererseits stand er aber unter dem starken Druck der Reichsspitze, die erwartete, dass er sich endlich als bayerischer Ministerpräsident gegen die Räterepublik durchsetzt.[124]

Als Opfer des Putsches schildert Kandlbinder die für den weiteren Verlauf entscheidenden Ereignisse vom 12. auf 13. April: „Die Arbeiterräte waren noch gesetzlich, folge dessen blieb ich im Vollzugsrat tätig bis 12. April, wo ich nachts 2 Uhr etwas schlummerte auf dem Divan der Königin Mutter im Wittelsbacher Palais, durch eine Anzahl betrunkener Soldaten, angeblich im Auftrage der Regierung Hoffmann verhaftet wurde. Das war der Putsch Gutmann und

Räterepublikaner am Hauptbahnhof nach der Ausrufung der kommunistischen Räterepublik. Der Bahnhofsplatz wurde am 13. April 1919 Schauplatz der ersten blutigen Kämpfe. Als Gegner standen sich hier Anhänger linker Parteien gegenüber: die inzwischen regierungsnahe Republikanische Schutztruppe kämpfte ohne Erfolg gegen die Räterepublikaner, an deren Spitze sich jetzt die KPD setzte.

Walter Löwenfeld mit der Bahnhofwache, die den Zentralrat verhaften wollten, aber zu spät gekommen sind, derselbe war bereits ausgezogen. Ob dieser Putsch wirklich im Auftrag der Regierung Hoffmann geschehen ist, konnte nicht festgestellt werden. ... Ich und Gen. (-osse) Soldmann ... wurden per Wagen zur Bahnhofwache gebracht und bis Sonntag mittags dort festgehalten. ... wegen Fluchtgefahr wurde ich längere Zeit mit beiden Händen über den Kopf an die Wand gestellt, durch Protest wieder freigelassen und mit den anderen Gen. (-ossen) im Königsbau am Bahnhof untergebracht. Während dieser Zeit hat man weiter verhaftet und ganze 13 Mann zusammengebracht, darunter Dr. Wadler und Lipp, Erich Mühsam, Braig als Erwerbslosenführer ... Ohne meine Familie verständigen zu können, ... ging es um 2 Uhr nachmittags mit Extrazug und 20 Mann Soldaten, einem Arzt und 1 Regierungsvertreter (Walter Löwenfeld) nach dem Zellengefängnis in Eichstätt.“[125]

Nicht nur im Wittelsbacher Palais, sondern auch in der Stadtkommandantur, im Polizeipräsidium und in Privatwohnungen suchten die Putschisten nach Mitgliedern des Revolutionären Zentralrats (RZR). Verhaftet wurden 13 Männer: der Zentralrat Erich Mühsam, die Volksbeauftragten für Äußeres und Inneres, Dr. Franz Lipp und Fritz Soldmann, der zeitweilige Volksbeauftragte für Militär, Otto Killer, der Wohnungskommissär Dr. Arnold Wadler (alle USP), Josef Baison (kurzzeitig beim RZR), der Vollzugsrat und Zentralrat Georg Kandlbinder (als einziger Mehrheitssozialdemokrat), Anton Hoffmann (KPD), Hans Ballabene, Hans Bastian (nur beratendes Mitglied des RZRs) und der Vorsitzende der USP Sendling, Anton Kurth. Nur die vier letzteren waren keine Mitglieder des Revolutionären Zentralrats.

Der großangelegte Putsch war nicht nach Plan verlaufen, außer Mühsam und Wadler entgingen die wichtigsten Persönlichkeiten der Räterepublik wie Ernst Nickisch, Ernst Toller, Gustav Landauer und die Führungsleute der KPD, Eugen Leviné und Max Levien, der Verhaftung. Dafür setzte man Männer aus der zweiten Reihe fest, obgleich Ministerpräsident Hoffmann ausdrücklich angeordnet hatte, nur „Hauptträdelsführer" und „Haupthetzer" zu fassen.[126] Zu diesen gehörte Georg Kandlbinder mit Sicherheit nicht.

Nachdem die Putschisten die Absetzung des Revolutionären Zentralrats verkündet und den Kriegszustand über München verhängt hatten, schritt die KPD ein. Die Kommunisten riefen die Soldaten und Arbeiter zum bewaffneten Kampf für die Räterepublik auf. Mit Soldaten des 1. Infanterieregiments an der Spitze wurde die republikanische Schutztruppe, die im Hauptbahnhof vergeblich auf Verstärkung wartete, beschossen. Bis etwa 21 Uhr dauerte der Kampf um die Räterepublik, der vorerst mit einem Sieg der Revolutionäre endete.

Der Palmsonntagputsch vom 13. April 1919, der die Räterepublik beseitigen und die Regierung unter dem Sozialdemokraten Hoffmann in München wieder etablieren hätte sollen, war gescheitert. Zum ersten Mal seit Ausrufung der Republik in Bayern am 7. November hatten blutige Kämpfe stattgefunden. Das traurige Ergebnis: 21 Tote und 80 Verletzte.

Die Ereignisse vom Palmsonntag 1919 setzten eine verhängnisvolle Entwicklung für die Arbeiterbewegung in Gang: Infolge des Putsches konnten kommunistische Führer die Steuerung der radikalen Gruppierungen übernehmen und die Räterepublik beherrschen. Die Sozialdemokraten und Gewerkschafter, unter ihnen erfahrene Funktionäre wie Georg Kandlbinder, Ernst Niekisch, Albert Schmidt und Oskar Dürr, die immer wieder mäßigend und kompromissbereit auf die Räte eingewirkt hatten, waren entweder festgenommen oder ausgeschaltet worden. Dies gab den Kommunisten, die sich bisher von der Macht ferngehalten hatten, weil sie ein vereintes Handeln mit der MSP ablehnten, freie Hand. Die Arbeiterschaft, die an die linken Kräfte als Motoren für gesellschaftliche Veränderungen geglaubt hatte, war über die Unfähigkeit der sozialistischen Parteien, sich auf gemeinsame Ziele zu einigen, tief enttäuscht und ließ es zu, dass die kommunistischen Führer, Max Levien und Eugen Leviné, mit Hilfe der Münchner Betriebs- und Soldatenräte an die Spitze der Räterepublik gelangten.

Die Kommunisten übernahmen für zwei Wochen die Macht mit Roter Armee, mit Generalstreik und Terror gegen die Bevölkerung. Überwachung, Hausdurchsuchungen und Beschlagnahme aller Privatautos gehörten zu den ersten Aktionen.[127] Die Gewerkschaften, in denen die Mehrheit der Arbeiterschaft organisiert war, wurden nun als konterrevolutionäre Einrichtungen verfolgt.[128]

Die diktatorische Politik dieser kommunistischen Räterepublik und das gewaltsame Ende, das kurz darauf folgte, evozierten auf lange Sicht einen tiefverwurzelten Antikommunismus in breiten Bevölkerungsschichten. Er konnte jederzeit instrumentalisiert werden.

Als bekannt wurde, dass Ministerpräsident Hoffmann den Palmsonntagsputsch unterstützt hatte, verloren viele der Mehrheitssozialdemokraten endgültig das Vertrauen in ihre Partei.[129]

11. Zellennachbar von Erich Mühsam im Zuchthaus Ebrach

Als die Münchner Arbeiter am Hauptbahnhof noch für die Räterepublik kämpften, waren die verhafteten Mitglieder des Zentralrats bereits nach Eichstätt verbracht worden, also in den Teil Bayerns, in dem die Regierung Hoffmann die Macht hatte. Wie die Verhafteten aus München dort in den außergewöhnlich kalten Apriltagen behandelt wurden, fasst Kandlbinder, der mit seinen Genossen nach zwei Tagen Aufenthalt im Eichstätter Gefängnis mit einem Extrazug unter Bewachung von einem Offizier und 15 Soldaten in das Zuchthaus Ebrach transportiert wurde, mit wenigen Worten zusammen: „Es war Mitte April, nasskalte Witterung, Regen und Schnee, das Zuchthaus war ohne Kohlen und Lebensmittel, Dorschen[130] und Kartoffel war unser(e) Hauptnahrung und diese waren zu wenig. Jeden Tag wurden wir nach Vorschrift eine Stunde im Hof spazieren geführt mit drei Schritt Abstand, das Militär, die so genannten Regierungtruppen, standen im Anschlag bereit, auf dem Mauerturm waren die Maschinengewehre mit der nötigen Bedienungsmannschaft aufgestellt. So gefährlich erschienen wir damals, als vollständig wehrlose Menschen."[131]

Nach dem Scheitern des Palmsonntagsputsches kam die Regierung Hoffmann zu der Überzeugung, dass nur ein großangelegter Angriff auf München sie an die Macht zurückbringen würde. Sie rief zur Bildung einer Volkswehr auf, ließ sich aus Württemberg ein Freikorps schicken und bat um militärische Verstärkung durch das Reichsheer. Die Gesamtstärke der gegen die Räteregierung eingesetzten Streitkräfte betrug etwa 35.000 Mann und stand unter preußischem Oberbefehl. Die von der Räteregierung aufgestellte Rote Armee war diesem Heer weit unterlegen. Rudolf Eglhofer, nach dem 13. April Stadtkommandant von München, dann oberster Militärbefehlshaber der kommunistischen Räterepublik, ließ Schätzungen zu Folge, zwischen zehn- und zwanzigtausend Gewehre sowie Lohn für zehn Tage im Voraus an Leute, die sich freiwillig zum Kampf meldeten, ausgeben.

Die Annahme, dass nicht alle diese Bewaffneten auch wirklich kämpften, ist plausibel, da zahlreiche Männer desertierten, um nicht auf Genossen schießen zu müssen. Eine schlagkräftige Streitmacht kam jedenfalls nicht zustande. Der Soldatenrat des 7. Feld-Artillerie-Regiments, Joseph Schwarzenberger, berichtete beispielsweise, dass er die Kanonen seiner Genossen vor dem Einmarsch der Gegner unschädlich gemacht habe, um Blutvergießen zu vermeiden.[132] Ein Abwehrschlag gelang nur Ernst Toller, der die Sache des Proletariats nicht im Stich lassen wollte, am 16. April bei Dachau. Schon am 20. April nahmen die Weißen Garden Augsburg ein.[133]

Georg Kandlbinder und seine Genossen hatten inzwischen durch einen Hungerstreik die Vernehmung durch den zuständigen Würzburger Staatsanwalt erzwungen. Sie wollten wissen, warum sie im Zuchthaus

Barrikade von Gegnern der Räterepublik in der Corneliusstraße am Gärtner-platz Anfang Mai 1919.

Ebrach in Einzelhaft verwahrt wurden. Am 17. April erhob die Staats-anwaltschaft öffentlich Klage gegen die 13 in München und weitere 16 in Würzburg gefangengenommenen Zentralräte und Arbeiterfunktio-näre. Die Anschuldigung lautete auf „vollendeten Hochverrat." Kandl-binder legte am gleichen Tag Beschwerde gegen seine Verhaftung ein, die aber eine Woche später abgewiesen wurde, mit der Begründung, dass Fluchtgefahr bestünde.[134]

Wie Georg Kandlbinder berichtet, saßen im Zuchthaus Ebrach bei sei-ner Einlieferung fast keine Gefangenen ein. Aber allmählich füllte es sich, „lauter Hochverräter kamen aus allen Gauen Bayerns", bemerkt er sarkastisch, „darunter war ich der einzige Mehrheitssozialist. Erst später brachte man noch einen Genossen, den praktischen Arzt Dr. Kerscher aus Nittenau."[135]

Leider sind keine Unterlagen greifbar, welche die Haftzeit der Münchner Räterepublikaner in Ebrach dokumentieren.[136] Es ist aber anzunehmen, dass die politischen Häftlinge nicht in den alten Gebäuden der Abtei Ebrach untergebracht waren, sondern im Neubau von 1895, in dem 68 Einzelzellen zur Verfügung standen.

Wie es dort zuging, lässt sich noch nachlesen und zwar in den zahlreichen Schriftstücken, die Erich Mühsam, der Zellennachbar von Georg Kandlbinder, verfasste. Im Brief vom 16. April an die Bamberger Regierung, in dem er seinen Hungerstreik ankündigte, schildert der Schriftsteller die Haftbedingungen: „Die Zelle, in der ich mich aufhalten muss, ist ungeheizt. Die Temperatur beträgt 11 Grad Celsius. Auf dem Steinboden liegt keine Decke, sodass ich gezwungen bin, den Tag im Überzieher zuzubringen und trotzdem kalte Füße habe ... Die Verrichtung der natürlichen Bedürfnisse muss innerhalb der Zelle geschehen ..." Neben der Verbesserung dieser Zustände forderte Erich Mühsam „die Erleuchtung der Zelle bis mindestens 10 Uhr abends". „Der Zwang bei Dunkelwerden zu Bett gehen zu sollen," ist, wie er erläutert, „für einen geistig regsamen Menschen unerträglich und könnte nur als die Absicht verstanden werden, uns ohne Anklage, ohne Rechtsspruch im vorhinein für unsere politische Überzeugung zu strafen." Der Brief endet mit dem Appell an Innenminister Fritz Endres: „Das sozialistische Ministerium in Bamberg wird aufgefordert gegen Sozialisten wenigstens menschlich vorzugehen".[137]

Zwischen 13. und 18. April gelang es der Regierung Hoffmann, den Aufenthalt der in Ebrach einsitzenden Zentralratsmitglieder geheimzuhalten. Als die militärische Kommission der kommunistischen Räterepublik unter dem Münchner Stadtkommandanten Rudolf Eglhofer durch einen Informanten erfuhr, dass die Genossen im Zuchthaus Ebrach einsitzen, beschlossen sie, im Gegenzug „Hoffmann-Genossen" festzunehmen. Dies konnte allerdings nicht gelingen, weil sich in Bamberg alle an der Regierung Beteiligten streng abschirmen und bewachen ließen.[138]

Die Gewalt, mit der die regierungstreue Weiße Armee auf ihrem Vormarsch gegen die Räterepublikaner vorging, evozierte sehr bald Gegengewalt. Die Soldaten der Roten Armee befanden sich durch die heranrückende militärische Übermacht aus Reichswehrverbänden und Freikorps in einer aussichtslosen Lage, dazu verschlimmerte der seit 14. April dauernde Generalstreik den Mangel an allem Lebensnotwendigen. Ernst Toller versuchte, durch Verhandlungen mit Bamberg in letzter Minute weitere Gewalttaten zu verhindern – vergeblich. Es gelang ihm zwar noch, die Kommunisten zum Rücktritt zu bewegen, aber nun entriss ihm Rudolf Egelhofer die Herrschaft. Seine Rotarmisten verhafteten am 26. April in München einige Mitglieder der rechtsnationalen Thule-Gesellschaft, die beim Schwarzhandel ertappt worden waren. Sie wurden mit zwei gefangenen Soldaten der Weißen Armee erschossen. Dieser so genannte Geiselmord, der sich an der Müllerstraße 7 ereignete,[139] ließ die Stimmung gegen die „Roten" eskalieren. Die Weißen Truppen, die am 1. und 2. Mai in München einmarschierten, schlugen mit äußerster Härte jeden Widerstand nieder. Der Höhepunkt der Rache war erreicht, als die Weißgardisten 21 junge Burschen eines katholischen Gesellenvereins brutal niederschossen. Sie hielten die unbescholtenen Männer fälschlicherweise für Spartakisten.

Die Verfechter der parlamentarischen Demokratie hatten im Kampf gegen die Räteanhänger blutig gesiegt. Zwischen 30. April und 8. Mai betrug die Zahl der Opfer bei den Kämpfen in und um München nach polizeilichen Ermittlungen 557 Tote. Von ihnen wurden 186 standrechtlich erschossen, 226 noch nach dem Sieg der Weißen Armee ermordet. In den Gefängnissen und Gerichten gingen die Strapazen und Auseinandersetzungen unterdessen weiter. 5.000 Fälle wurden in Zusammenhang mit den Ereignissen der Räterepublik vor Gericht entschieden.[140]

Während des Bruderkriegs zwischen „Weißen" und „Roten" saß Georg Kandlbinder im Zuchthaus: „Der Leidensweg ging weiter, Essen zu wenig, kaufen konnte ich mir gar nichts, weil mir die Marken

Soldaten der Gegenrevolution, die die Räterepublik am 1. und 2. Mai 1919 niederschlugen.

fehlten auf Lebensmittel", so schildert er seine damalige Lage. Von den Kampfhandlungen am 1. Mai bekamen die Gefangenen nur fernes „Trommelfeuer" mit. Ebrach war von Weißgardisten „mit vollständiger Kriegsausrüstung" umzogen, wie der damals dort Inhaftierte berichtet. „Erich Mühsam wurde unruhig, schimpfte heillos in seiner Zelle ... über diese Blutregierung Hoffmann".[141]

Warum es von ihm und Erich Mühsam keine offizielle Polizeiaufnahmen aus Ebrach gibt, klärt Kandlbinder in seinen Erinnerungen auf. Als Erich Mühsam und er wie alle anderen Gefangenen am 6. Mai fotografiert werden sollten, verweigerten sie beide die Aufnahme, „sind einfach nicht stillgestanden". Die Häftlinge wollten damit verhindern, dass man ihre Porträtaufnahmen publizistisch verwertete. Des Öfteren leitete nämlich die Münchner Polizei vorhandene Fotos von festgenommenen Arbeiterführern an die Bildpresse weiter.[142] Viele der am Palmsonntag

A b s c h r i f t .

Der 1. Staatsanwalt bei dem
Landgerichte Würzburg.

     An die
Polizeidirektion München.

     Betreff.

Voruntersuchung gegen Toni Waibl,
Schriftsteller von Aalen und 29.
Gen. wegen Vergehen des Hochverrats.

Am 13. April ds. Jhr. wurden auf Befehl der Stadtkommandantur München folgende Mitglieder d. vevol. Zentralrats
dem Gefängniss Eichstätt überstellt und durch den Regierungsvertreter Dr. Löwenfeld Walter, Rechtspraktikant aus
München in einem Extrazug nach Eichstätt überführt und
in das dortige Gefängniss eingeliefert un din Schutzhaft
genommen.
1.) M ü h s a m Erich, Schriftsteller aus München.
2.) B a s t i a n s Hans, Dreher.
3.) S o l d m a n n Fritz, Arbeitersekr. aus Schweinfurt
4.) Dr. W a d l e r Arnold Rechtsanwalt aus München.
5.) K i l l e r Otte, Tischler aus München.
6.) B r a i g Anton Techniker aus München.
7.) K u r t h Anton, Kunstmaler aus München.
8.) B z d r e n g a Roman, Schreiner aus München.
9.) H o f m a n n Anton, Bäcker aus München.
10.) B a l l a b e n e Leopold, aus München.
11.) B a i s o n Josef, Schlosser aus München.
12.) Dr. L i p p Franz Privatgelehrter aus München.
13.) K a n d l b i n d e r Georg Bräugehilf aus München.

Die Vorgenannten wurden darauf in das Untersuchungsgefäng-
niss für die Landgerichte Bamberg u. Würzburg in Ebrach
überführt. Am 17. April 19 wurde gegen sie unter der Be-
schuldigung gemeinschaftlich unter sich und mit den in
Würzburg verhafteten Kommunisten darunter
14) W a i b l Toni, Schriftsetzer von Aalen zuletzt Münch
15) H a g e m e i s t e r August, Geschäftsführer aus München.
16) S a u b e r Fritz,
es unternommen zu haben die Verfassung des Bundesstaats
Bayern gewaltsam zu ändern, und in Ausführung dieses Unter-
nehmens im April 19 in verschiedenen Städten Bayerns
namentlich in Würzburg und München Gewaltakte gegen die
Regierung des Volksstaats Bayern begangen, ausserdem
auch öffentlich vor Menschenmengen zur Ausführung hoch-
verräterischer Unternehmungen aufgefordert und auch sonst
Handlungen zur Vorbereitung des hochverräterischen Unter-
nehmens begangen zu haben, wegen Verbrechen der Hochverrat
nach § 81 Z 2, 85, 86, 47 Str. G.B. gerichtliche Voruntersuchung eröffnet und Haftbefehl erlassen. Infolge
Einsetzung der standgerechtlichen Gerichte ist die ein-
geleitete Voruntersuchung wieder abgebrochen und die Sache
an die hiesige Staatsanwaltschaft zum Ermittlungsverfahren
zurück gegeben worden.

Verhafteten ließen sich trotzdem in Ebrach fotografieren. Ihre Fotos liegen bis heute den staatsanwaltschaftlichen Akten bei, die im Würzburger Staatsarchiv zu finden sind.

Es war eine merkwürdige Fügung, dass Georg Kandlbinder und Erich Mühsam als Gefangene in Ebrach ein gemeinsames Schicksal erlitten. Beide waren während der vergangenen Monate Gegenspieler gewesen. Mühsam agitierte als Anhänger einer sozialistischen Räterepublik stets heftig gegen die Mehrheitssozialdemokraten Auerscher Prägung und ihrer Politik der „Ruhe und Ordnung". Einen wie Kandlbinder bezeichnete Mühsam gerne und häufig als „Auerochsen".[143]

Nach der Niederschlagung der Räteregierung kam die Order, die Haftbedingungen für die Gefangenen in Ebrach zu erleichtern. Die Briefe Kandlbinders, die er im Gefängnis an seine Familie und seinen Berufsverband geschrieben hatte, wurden allerdings bis Mitte Mai nicht an die Münchner Adressaten weitergeleitet und auch er bekam erst jetzt die Briefe seiner Familie an ihn ausgehändigt.

Bis heute sind viele Gefangenenbriefe im Würzburger Staatsarchiv erhalten, leider keine von Kandlbinder. Sie würden manches offenbaren, was hinter den Kulissen vor sich ging. Kandlbinder deutet in seinen Erinnerungen nur an: „Mein Sohn (Georg), der kurz vor meiner Verhaftung aus englischer Gefangenschaft zurückgekehrt ist, hat mir über das Verhalten meiner Genossen Dinge mitgeteilt, die auf mich einen erschütternden Eindruck machten."[144] Gemeint dürfte damit der briefliche Kommentar seines Sohnes zu den Politikern sein, die zwischen Räterepublik und Regierung Hoffmann je nach Erfolgsaussichten optierten und ihre Gesinnung der jeweiligen Lage anpassten.

Wie den Unterlagen im Staatsarchiv Würzburg zu entnehmen ist, wurde der Briefwechsel der Gefangenen vom Justizministerium in Bamberg zensiert und dann der Staatsanwaltschaft zugeleitet.[145] Möglicherweise sind die fehlenden Briefe Kandlbinders ein Hinweis dafür, dass man den einzigen Mehrheitssozialdemokraten in Ebrach vor weiterer Beweislast schützen wollte.

Auflistung der in Ebrach inhaftierten Angeklagten, darunter Georg Kandlbinder. Er wurde mit anderen Zentralratsmitgliedern am 13. April 1919 in München verhaftet.

Zwischenzeitlich waren alle Angeklagten von der Staatsanwaltschaft in Würzburg verhört worden. Die involvierten Minister der Bamberger Regierung wie Innenminister Martin Segitz, Militärminister Ernst Schneppenhorst und Landwirtschaftsminister Martin Steiner waren bereits als Zeugen vorgeladen gewesen und hatten jeweils aus ihrer persönlichen Sicht die entscheidenden Sitzungen, die zur Ausrufung der Räterepublik führten, dargestellt.

Am 30. Mai, um halb vier Uhr nachmittags wurde Georg Kandlbinder aus dem Zuchthaus Ebrach entlassen. Mit ihm durfte nur Dr. Freund, ein Mitglied der Nürnberger USP, gehen. Der Dreher Hans Bastians wäre auch freigekommen, hatte die Freiheit aber selbst verwirkt, weil er beim Abschied den Zellengenossen zurief: „Hoch lebe Rosa Luxemburg und hoch die Räterepublik." Darauf wurde er als Aufwiegler erneut verhaftet.[146]

Immer noch schlug die Sympathie der einfachen Menschen den politischen Gefangenen entgegen. Sie hatten nicht vergessen, dass die Arbeiter- und Soldatenräte für ihre Belange eingetreten waren und dafür persönliche Opfer gebracht hatten. Dankbar vermerkt Georg Kandlbinder, welche Botschaft ihm mitgegeben wurde: „Der Gefängnisverwalter ersuchte uns bei der Entlassung, wenn wir nochmals zum Regieren kommen, das Gefängnispersonal nicht zu vergessen, dieses leidet stark unter der schlechten Bezahlung und langen Arbeitszeit."[147]

Offensichtlich hatte eine Intervention bei der Bamberger Regierung bewirkt, dass Georg Kandlbinder vorzeitig entlassen wurde. Er hatte einen vom Verkehrsminister Heinrich von Frauendorfer unterzeichneten Ausweis erhalten, der ihm gestattete, sich frei zu bewegen. Zu diesem Zeitpunkt wusste er noch nicht, dass der Arbeitersekretär Karl Schmidt bei der Staatsbank 1.000 Mark Kaution für ihn als Bürgschaft hinterlegt hatte. Das Geld dürfte aus der Gewerkschaftskasse gekommen sein.

Als Georg Kandlbinder auf der Heimreise von Ebrach nach München in Bamberg Station machte, wollte er den Landtagsabgeordneten, seinen Genossen, die in der Harmonia tagten, einen Besuch abstatten. „Musste

Die Vollmacht Georg Kandlbinders für seinen
Anwalt Albert Nußbaum vom 7. Juli 1919.

116

V O L L M A C H T.

Unterzeichnete/*r* ermächtig/*t* hiermit

Herrn Rechtsanwalt A l b e r t N u s s b a u m in M ü n c h e n

in dem gegen *[handschriftlich]* anhängig gemachten Ver-

fahren wegen *Hochverrat u.a.* unter Einräumung

aller gesetzlichen Befugnisse zur unumschränkten Vertretung für

~~sie~~ ihn in öffentlicher Sitzung aufzutreten, Strafantrag, Privat-

klage, Neben- und Widerklage zu stellen und zurückzunehmen,

Rechtsmittel einzulegen und zurückzunehmen, in allen Instanzen,

einschliesslich der Revisionsinstanz als Vertreter und Ver-

teidiger zu handeln, Anträge auf Wiederaufnahme des Verfahrens

zu stellen und zurückzunehmen, Gelder, Wertsachen, Kosten- und

Busszahlungen und Dokumente mit rechtlicher Wirkung ~~sie~~ ihn in

Empfang zu nehmen, sowie alle diese Befugnisse nach seiner

Wahl einem anderen zur Vertretung zugelassenen gesetzlich be-

fähigten Rechtsverständigen zu übertragen, insbesondere wird

Rechtsanwalt A l b e r t N u s s b a u m ermächtigt, Urteils-

ausfertigungen, Beschlüsse, Verfügungen und alle anderen ge-

richtlichen Zustellungen mit rechtlicher Wirkung für ~~sie~~ ihn in

pfang zu nehmen und hiemit ausdrücklich als Zustellungsbevoll-

mächtigter ernannt und bezeichnet, mit dem Antrag, alle für

Vollmachtgeber bestimmten Zustellungen an Rechtsanwalt

A l b e r t N u s s b a u m zu betätigen.

Zugleich werden alle von dem genannten Anwalt für Voll-

machtgeber bereits vorgenommenen Handlungen genehmigt.

München den *7 Juli* 1919

[Unterschrift] Georg Kandlbinder

117

aber zu meinem Leidwesen erfahren", schreibt er lapidar, „dass das Parlament vom Freistaat Bayern hinter einem hohen Drahtverhau tagen müsse (sic!) und solche, die soeben aus dem Zuchthaus kommen, keinen Zutritt haben."

Im Gegensatz zu Georg Kandlbinder war Dr. Freund das Verlassen des Bamberger Bahnhofs streng verboten. Er musste hier seinen Zug nach Nürnberg abwarten. Kandlbinder, der die Wartezeit in der Stadt verbrachte, hatte dort noch eine für ihn höchst befremdliche Begegnung. Er traf zufällig auf den ehemaligen Minister des Kabinetts Eisner, Albert Roßhaupter, einen Parteigenossen, den er sehr gut kannte. Am 21. Februar, nach dem Attentat auf Erhard Auer, hatte Kandlbinder Albert Roßhaupter durch schnelles Verstecken im Tagungsraum des Bauernrats aus der Gefahrenzone gebracht: „zu meinem Erstaunen kannte mich dieser gar nicht mehr, zum Dank dafür, dass ich ihm in der bedrängten Lage ... das Leben gerettet habe."[148]

12. Angeklagt wegen „Verbrechens des Hochverrats"

Ab Mitte Mai 1919 zog das Landgericht München I/Standgericht Au die Zuständigkeit für das Verfahren gegen „Erich Mühsam und Genossen wegen Hochverrats" an sich. Die Zeugenvernehmung durch die Staatsanwaltschaft ging nun hier noch wochenlang weiter.[149]

Die Hauptverhandlung gegen Georg Kandlbinder begann am 7. Juli 1919. Er berichtet über die angespannte Stimmung während des Prozesses: „Die Erregung war damals so groß, dass ... Maschinengewehre im Gerichtssaal aufgestellt waren."[150]

Rechtsanwalt Albert Nußbaum, Sozialdemokrat und Stadtrat, übernahm Kandlbinders Verteidigung. Er war ihm über die Gewerkschaft vermittelt worden. Anwalt Nußbaum plädierte auf Freispruch und ließ als Zeugen Arbeitersekretär August (wohl Gustav) Schiefer, den Gewerkschaftssekretär Albert Schmid, den Stadtrat Karl Deininger

Im Prozess gegen Georg Kandlbinder beantragte der Rechtsanwalt Albert Nußbaum die Ladung der Zeugen, die alle führende Gewerkschaftsfunktionäre waren. Auch Karl Deininger, SPD-Stadtrat, wurde geladen.

Anz.-B.-Z. München, den 5. Juli 191 9

Termin : Montag, 7.Juli 19

Zum

Kgl. S t a n d **Gericht**

M ü n c h e n

Anzeige

des Rechtsanwaltes **Albert Nußbaum** in München,
Bayerstraße. 13/ll

zur Strafsache

gegen

K a n d l b i n d e r Georg

wegen

Verbrechens des Hochverrats

Ich bringe unter Vollmachtsvorlage zur Anzeige,
daß mir der Angeklagte

Georg K a n d l b i n d e r

seine Verteidigung übertragen hat.

Ich beantrage die Ladung folgender Zeugen:

1.) August S c h i e f e r , Arbeitersekretär, Pestalozzistr. 42,

2.) Albert S c h m i d , Gewerkschaftssekretär, Pestalo-
zistr. 42

3.) Karl D e i n i n g e r , Kassenbeamter und Stadtrat,
Maistr. 43 (Ortskrankenkasse)

Diese Zeugen waren in der Sitzung vom 4. Juni zu-
gegen und können bekunden, dass Kandlbinder stets auf dem
Standpunkt der sozialdemokratischen Mehrheitspartei gestanden ist und in keiner Weise sich mit den Verfechtern
der Räterepublik indentifizirt hat.

4.) J a k o b Andreas, Vorsitzender des Brauerei-
arneiterverbandes, Pestalozzistr. 42.

Dieser soll als Leumundszeuge über den Angeklagten

und den Vorsitzenden des Brauereiarbeiterverbands Andreas Jakob vorladen. Mit Jakob verbanden Kandlbinder lange Jahre gemeinsamer Gewerkschaftsarbeit im Brauereiarbeiterverband und im Vorstand der AOK. Der angesehene Bürger Andreas Jakob, kürzlich noch Gemeindebevollmächtigter, war zum Beweis der Tatsache geladen, dass Georg Kandlbinder schon seit 26 Jahren der sozialdemokratischen Partei und der Gewerkschaft angehörte und es bei seinem bisherigen Verhalten vollständig ausgeschlossen war, dass er sich bewusst an irgendeiner hochverräterischen Handlung beteiligt hatte. Auch die anderen Zeugen sollten bekunden, dass der Angeklagte immer „auf dem Standpunkt der sozialdemokratischen Mehrheitspartei gestanden ist und in keiner Weise sich mit den Verfechtern der Räterepublik identifiziert hat."[151]

Der Staatsanwalt hatte ebenfalls zahlreiche Zeugen zur Sache Kandlbinder geladen, darunter den Arbeitersekretär und führenden MSP-Funktionär Karl Schmidt, den Soldatenrat Paul Simon sowie die beim Palmsonntagsputsch für die Regierung Hoffmann agierenden Alfred Seyfferitz und Walter Löwenfeld. Wie aus den Prozessakten weiter hervorgeht, führte er auch etliche schriftliche Beweismittel gegen den Angeklagten auf. Die gravierendsten Schuldvorwürfe lauteten, dass Kandlbinder in Würzburg und Aschaffenburg als Volksredner für die Räterepublik aufgetreten war und an der Volksbewaffnung in München teilgenommen hatte. Nach vier Tagen Verhandlungszeit beantragte Staatsanwalt Appelmann wegen eines Verbrechens des Hochverrats „unter Zubilligung mildernder Umstände" sechs Monate Festungshaft.

Am 12. Juli verkündete Landgerichtsdirektor Singer als Vorsitzender des Standgerichts, das Urteil: Freispruch für Georg Kandlbinder.

Auch der Arbeitersekretär Fritz Soldmann und Josef Baison wurden von der Anklage freigesprochen. Der Vorsitzende Richter begründete sein Urteil damit, dass „mit Sicherheit ausreichende Tatsachen" nicht festgestellt werden konnten, „dass die Absicht der Angeklagten dahinging, die betreffende Verfassung mit Gewalt zu ändern ..." Die Kosten des Prozesses gingen zu Lasten der Staatskasse.

Von den insgesamt 13 in diesem Verfahren Angeklagten wurden nur diese drei Personen freigesprochen. Die ebenso wie Kandlbinder bis zum 13. April dem Revolutionären Zentralrat angehörenden Erich Mühsam und Arnold Wadler erhielten 15 Jahre Festungshaft beziehungsweise acht Jahre Zuchthaus. Die übrigen Angeklagten wurden an das Volksgericht verwiesen.[152] Die Genossen, die mit Kandlbinder in Nordbayern in Aktion getreten waren, verurteilte das Gericht in Würzburg zu hohen Strafen, so August Hagemeister zu zehn und Fritz Sauber zu zwölf Jahren Haft. Führende Persönlichkeiten der ersten Räterepublik wie Ernst Niekisch und Ernst Toller kamen hingegen mit zwei bzw. fünf Jahren davon. Eugen Leviné, die Hauptfigur der zweiten kommunistischen Räterepublik, wurde zum Tod verurteilt und am 5. Juni 1919 hingerichtet.[153]

Bei der Beurteilung der Rechtsprechung während der Weimarer Republik ist man sich einig darüber, dass reichsweit die Straftaten der Linken wesentlich härter als die der Rechten verfolgt wurden. Wie ist jedoch die Rechtsprechung gegen die Räterepublikaner, unter denen sich das ganze Spektrum der Linken befand, zu beurteilen? Warum kam Georg Kandlbinder mit einem Freispruch davon? Er gehörte schließlich bis zum Palmsonntagsputsch – wie der auch freigesprochene Fritz Soldmann – dem Revolutionären Zentralrat der ersten, allerdings nicht kommunistischen, Räterepublik an. War für die Urteilsfindung entscheidend, dass Georg Kandlbinder nie als Ideengeber oder radikaler Vordenker wie etwa der Schriftsteller Erich Mühsam oder als Aufwiegler der Massen wie der Rechtsanwalt Arnold Wadler auftrat? Gab den entscheidenden Ausschlag, dass ihm Aufrufe zu Gewalttaten wie sie Fritz Sauber und August Hagemeister in Würzburg und Aschaffenburg vorgeworfen wurden, nicht nachgewiesen werden konnten? Folgte das Gericht vielleicht dem Zeugen Karl Schmidt, der darlegte, dass Kandlbinder als unter der Regierung Eisner und dann unter der Regierung Hoffmann arbeitendes Mitglied des Vollzugsrats „automatisch" in die Räterepublik übergegangen und „bei den Umwälzungshandlungen aktiv nicht beteiligt" gewesen sei? Konnte Kandlbinder glaubhaft machen, dass er die ihm aufgetragene Volksbewaffnung nicht durchführte, sondern aktiv behinderte?[154] Oder, und auch dieser Gedanke sei erlaubt, ist das Gericht einem höheren Wink von Seiten der Bamberger Regierung gefolgt, um zumindest die Genossen der eigenen Partei zu schonen?

Es ist bekannt, wie sich Ministerpräsident Hoffmann gegenüber dem Angeklagten Ernst Niekisch verhielt, der wie Georg Kandlbinder der MSP angehörte. Möglich, dass es Kandlbinder ähnlich erging.

Kandlbinder war wie Ernst Niekisch in den turbulenten Tagen vor dem 6. April 1919 letztlich Opfer der zwiespältigen Haltung der mehrheitssozialdemokratischen Politik. Dem am 5. Mai festgenommenen und schließlich in das Bamberger Gefängnis gebrachten Niekisch wurde, wie er in seinen Erinnerungen glaubhaft schreibt, von Regierungschef Johannes Hoffmann unterbreitet, dass ihm nichts geschehen werde, falls er sich für fünf Jahre aus der Politik zurückzöge. Niekisch lehnte dieses Ansinnen aber ab und ließ Hoffmann mitteilen, dass er die MSP aus Protest gegen ihre „zwieschlächtige Rolle" während der Revolution bereits verlassen habe. Er zöge es vor, politisch aktiv zu bleiben und zwar bei den Unabhängigen Sozialdemokraten.[155] Als Hoffmann diese hier wegen der Analogie zum Fall Kandlbinder geschilderten Intervention in Aussicht stellte, war die Anklage gegen Niekisch bereits erhoben worden. Hoffmanns demokratische Glaubwürdigkeit darf damit zu Recht angezweifelt werden.

Aus seinen Erinnerungen lässt sich schließen, dass Georg Kandlbinder kein Unrechtsbewusstsein hatte: „ ... die Belastung gegen mich war formlich bei den Haaren herbeigezogen. ... Nur ein Belastungszeuge war gegen mich vorhanden, das war Rechtspraktikant Brunbauer aus Würzburg und auch dieser konnte mich nicht belasten, so dass schon am zweiten Verhandlungstag die ganze Anklage gegen mich zusammengebrochen ist. Meine Verteidigung habe ich selbst übernommen, so dass dem Gen. Nußbaum nicht mehr viel übrig geblieben ist."[156]

Das Urteil im Prozess gegen Georg Kandlbinder lautete auf Freispruch. Die Urteilsverkündung war am 12. Juli 1919.

Urteil.

I. Soldmann Fritz, geb. 8. II. 1828 in Lübeck, nach Geschäftsführer in Schweinfurt

B in Untersuchungshaft

Kandlbinder Georg, geb. 2. IV. 1871 in Seltsen, nach Hausgehilfe in München

Baison Josef, geb. 15. V. 1888 in Vilene, nach Schlosser in München

werden und zwar Soldmann u. Kandlbinder von der Anklage wegen
einer Verbrechens des Hochverrats, Baison von der Anklage wegen Beihilfe
zu einem Verbrechen des Hochverrats zu einer Überbürdung der es, anderen Kosten
auf die Staatskasse freigesprochen.

Soldmann ist sofort auf der Haft zu entlassen.

II. Mühsam Erich, geb. 6. IV. 1828 in Berlin, nach Schriftsteller in München,

B in Untersuchungshaft

ist schuldig eines Verbrechens des Hochverrats und wird zur Festung
von 15 Jahren und in die treffenden Kosten verurteilt.

sowie .... zur Tragung der
Kosten des Verfahrens und der Strafvollstreckung verurteilt.

2. Dem
werden die bürgerlichen Ehrenrechte auf die Dauer von   Jahren aberkannt.

3. Es ist zulässig, daß
nach erstandener Strafe unter Polizeiaufsicht gestellt werde.

4. Eingezogen w rd   in gerichtlichem Verwahr befindliche

Im Vergleich zu anderen Opfern der Revolutionszeit, die wie Gustav Landauer erschlagen wurden oder ihr Leben im Bruderkampf Anfang Mai verloren, kamen die am 13. April Verhafteten sehr glimpflich davon. Laut Ernst Niekisch war die Verhaftung und Verschleppung nach Nordbayern besonders für Erich Mühsam ein großes „Glück". „Wäre er in München geblieben, würde er sicher ebenso wie sein Freund Landauer beim Einmarsch der Freikorps ermordet worden sein."[157]

Der Tribut, den Georg Kandlbinder dafür bezahlen musste, den Kurswechsel in der obersten Führungsriege seiner Partei nicht wendig genug mitvollzogen zu haben, sondern den einmal eingeschlagenen Weg weiter zu gehen, waren eineinhalb Monate Untersuchungshaft im Zuchthaus Ebrach. Diese Wochen belasteten ihn sicherlich seelisch und körperlich, wahrscheinlich auch finanziell, trotzdem war der Schaden, den er erlitt, tragbar. Er selbst sah die Rolle, die er damals zu spielen hatte, im Rückblick nur allzu deutlich: „Am liebsten würde ich über diese verrückte Zeit gar nicht schreiben", so seine Reflexionen, „aber weil meine Person besonders in Mitleidenschaft gezogen wurde, kann ich es nicht ganz umgehen ... und dazu scheint mir jetzt (damals hatte ich es nicht erkannt) bin gerade ich dumm genug gewesen."[158]

Ernst Niekisch konnte sich zu einer so einfachen Erklärung nicht aufraffen, als er später eine Rechtfertigung für seine Beteiligung an der Räterepublik suchte. Gewunden und umständlich schreibt er: „Meine Situation wurde nun dadurch erschwert, dass die Sozialdemokratie, die Partei welcher ich angehörte, sich den Anschein gab, für die Räterepublik sich entschieden zu haben. Gegen die Entscheidungen meiner Partei ostentativ Stellung zu nehmen, stand mir umso weniger an, als ich der Verhandlungsleiter war, von dem man die Haltung beherrschter Neutralität erwartete."[159] Der später so erfolgreiche Thomas Wimmer, ebenso Zeitgenosse und nach dem Umsturz vom 7. November 1918 als Vorsitzender des Arbeiterrats engagierter Beteiligter in der Anfangsphase der Revolution, hatte sich gehütet, während der letzten Phasen der Rätezeit eine prominente Position einzunehmen.[160]

V. Karriere als Gewerkschafter

1. „ ... als wenn gar nichts geschehen wäre"

„Meiner Pflicht und Tätigkeit in der Gewerkschaft und Partei bin ich seit meiner Entlassung in Ebrach vollauf nachgekommen, als wenn gar nichts geschehen wäre",[161] so beschreibt Kandlbinder fast trotzig seinen Alltag in München nach seiner Rückkehr.

Mag dies auch für den äußeren Ablauf seines Lebens zugetroffen haben, sein Erfahrungshorizont hatte sich in den letzten Monaten stark verändert. An ihm kann nicht spurlos vorbeigegangen sein, welchen Schikanen seine Genossen während der langjährigen Zuchthausstrafen als politische Häftlinge ausgesetzt waren und wie selten die sozialdemokratische Regierung Gnadengesuche erhörte oder die Haftstrafen minderte. Als Beispiel sei auf das Schicksal seines Gefährten, des Unabhängigen Sozialdemokraten August Hagemeister verwiesen, der während der ersten Räterepublik Volksbeauftragter für Inneres war und als sehr gewissenhafter und etwas umständlicher Mann galt.[162] Trotz vieler Eingaben seiner Frau und seiner Freunde bekam der Vater und nun fehlende Ernährer von zwei unmündigen Kindern keine Chance, vorzeitig das Gefängnis zu verlassen. 1923 fand er im Zuchthaus Niederschönenfeld den Tod.[163]

Es zeigt sich deutlich, dass Kandlbinder von nun an trotz weiterer treuer Parteizugehörigkeit einen inneren, vielleicht auch aufgezwungenen, Abstand zur Sozialdemokratie hielt. Er besuchte zwar immer noch parteipolitische Veranstaltungen, nahm dann und wann zu aktuellen Fragen in den Diskussionen seiner Sektion im Schlachthofviertel Stellung,[164] aber Parteiämter übernahm er nicht mehr. Dass einige Parteigenossen ein doppeltes Spiel gespielt hatten und führende Leute seiner Partei ihn nach seiner Verhaftung hängen ließen, dürfte er nicht vergessen haben. Es waren offensichtlich Gewerkschaftsfunktionäre, die ihr Möglichstes aufboten, um Georg Kandlbinder bald aus der Haft herauszubringen,

*Georg Kandlbinder nach seinen Erfahrungen mit der Räterepublik
deutlich gezeichnet.*

und die vor Gericht ihre Aussagen so gestalteten, dass er entlastet wurde. Ein schlechtes Gewissen mag der eine oder andere demjenigen gegenüber, der den Kopf hingehalten hatte, als man bei einem eventuellen Erfolg der Räterepublik einen der ihren als Gewährsmann brauchte, doch empfunden haben. Einsatz für die gemeinsame Sache hatte man von ihm gefordert und er hatte ihn erbracht. Man dankte es dem ehemaligen Arbeiterrat nun durch Übertragung von verantwortungsvollen Aufgaben in der Gewerkschaft. „Mit überwältigender Stimmenmehrheit" wurde er bald nach seiner Entlassung aus Ebrach in den Beirat des Brauereiarbeiterverbandes, mit dem er seit langem ehrenamtlich zusammenarbeitete, gewählt. Kurze Zeit später erhielt er sogar – auf Veranlassung des Gewerkschaftskartells – eine feste Anstellung im Kriegswucheramt, in dem er schon einmal in seiner Zeit als Arbeiterrat tätig gewesen war. Noch zeichnete es Kandlbinder in der Arbeiterschaft aus, dass er sich in der Rätezeit politisch engagiert hatte, noch hatte der Rätegedanke seine Faszination nicht ausgespielt. Auf Drängen der Gewerkschaft behielt die Regierung Hoffmann, die seit 17. August 1919 mit Ministerien und Landtag wieder nach München zurückgekehrt war, die während der Räterepublik entstandenen Betriebsräte bei. Als bleibende Errungenschaft der Revolutionszeit wurde die Einrichtung der Betriebsräte auch in der Weimarer Verfassung verankert. So erhielt sich das Rätesystem immerhin im Bereich der Wirtschaft.[165] 1919 gab es in München als Vertreter der Arbeitnehmerschaft 5.000 Betriebsräte. Sie sollten noch einige Jahre eine starke Rolle im Interessensverbund mit Gewerkschaften und Sozialdemokratie spielen.[166]

Die erste Gemeindewahl nach dem Krieg, im Juni 1919, brachte der Sozialdemokratischen Partei auch im Stadtrat einen großen Erfolg. Sie erhielt die Mehrheit, die USP 32 Prozent, die MSP allerdings nur 18 Prozent der Stimmen. Dieses überraschende Ergebnis spiegelte die Enttäuschung der Arbeiter über das Verhalten der MSP während der Revolution wider und zollte der USP Anerkennung für ihr Festhalten am Rätesystem. Die USP forderte nun den Einbau des politischen

Geſchäfts=Bericht

über das 38. Geſchäftsjahr

vom 1. Juli 1923 bis 30. Juni 1924

Konſum=Verein Sendling=München

Gegründet 1886　　E. G. m. b. H.　　Gegründet 1886

Kontor, Kaſſe, Zentral=Lager und Fabrik=Anlagen:
Boſchetsriederſtr. 101, 103 u. 113 :: Telephon 72064—72069

Von 1921 bis 1933 war Georg Kandlbinder Mitglied des Aufsichtsrats des wirtschaftlich einflussreichen Konsumvereins Sendling-München.

Rätesystems in die Gemeindeverwaltung. Dazu kam es aber nicht, weil ein Mehrheitssozialdemokrat, Eduard Schmid, Erster Bürgermeister wurde. Der gelernte Schreiner, über die Gewerkschaftsarbeit zur Kommunalpolitik gekommen und ein Mann mit langjähriger Erfahrung, war ein ausgewiesener Gegner des Rätesystems.[167]

Georg Kandlbinder hatte nach seinem Zuchthausaufenthalt auch eine Stütze in Eugen Thomass, seinem früheren Arbeitgeber. Er ließ ihn jetzt nicht fallen. Als der entlassene Zuchthäusler sofort nach seiner Rückkehr am 30. Mai in der Thomasbrauerei auftauchte, um wieder dort zu arbeiten, erbat sich der Brauereibesitzer doch vorerst einmal Bedenkzeit. Er müsse erst seinen Bruder Ludwig und den Betriebsrat fragen, ob eine Wiedereinstellung möglich sei. „Ein solcher Fall sei seit Bestehen der Brauerei noch nicht vorgekommen ...", meinte Kommerzienrat Thomass wohl in Anspielung auf den Vorwurf des Hochverrats, der seinem stets integren Arbeiter zur Last gelegt wurde. Er wolle erst den Prozess abwarten, entschied er. Offenbar erhielt Eugen Thomass aber doch schon vorher grünes Licht. Er stellte Georg Kandlbinder wieder ein und gab ihm sofort drei Wochen bezahlten Urlaub, eine Woche mehr als ihm tariflich zustand, damit er sich, wie der Brauereibesitzer sagte, von den aufregenden und kräftezehrenden letzten Monaten erholen könne, „was" wie Kandlbinder bestätigt, „ich aber auch wirklich notwendig brauchte".[168]

Mitte Oktober 1919, als Georg Kandlbinder dann auf Veranlassung der Gewerkschaft den Dienst im Kriegswucheramt antrat, beurlaubte Eugen Thomass seinen Angestellten wieder auf unbefristete Zeit. Dieses für Fragen der Lebensmittelbeschaffung zuständige Amt wurde unter der Regierung Hoffmann, die jetzt in Koalition mit der BVP und der DDP regierte, beibehalten. Immer noch waren breite Bevölkerungsschichten unsäglich arm und unterversorgt und wie all die Jahre seit Beginn des Krieges versuchte man weiterhin durch Bekämpfung von Schleichhandel und Preistreiberei die wirtschaftliche Lage in den Griff zu bekommen. Zu Kandlbinders Aufgaben gehörte es nun, mit seinen Helfern in ganz Bayern Zug- und Straßenkontrollen durchzuführen, Mühlenbetriebe, Großgüter und Bauernhöfe zu überwachen und im Innendienst einschlägige Gewerbe, auch Lagerhäuser, Speditionsgeschäfte, Hotels und Restaurants in München zu kontrollieren.[169] Der neu ernannte Beamte Georg Kandlbinder erinnert sich lebhaft an seine aufreibende Tätigkeit, die oftmals unter Lebensgefahr ausgeübt werden musste: „das war die größte Lüge, Betrug und Schwindel, die je die Welt gesehen hat. War es doch keine Seltenheit, dass wir als Wucherbeamte vom schwarzgeschlachteten oder Schleichhandelsfleisch mit unseren Fleischmarken im Gasthofe essen mussten und hernach denselben Gastgeber das noch vorhandene Fleisch in Beschlag gelegt, oder weggenommen haben. Nur die wirtschaftlich Schwächeren konnten geschnappt werden, an die Großschieber war niemals heranzukommen."[170] Auf Dauer fühlte er sich diesem Amt nicht gewachsen. Er gab es deshalb freiwillig auf und kehrte schon am 20. April 1920 auf seinen Posten in der Thomasbrauerei zurück.

Von April 1920 bis Juni 1922, als er wieder seine frühere Tätigkeit in der Brauerei der sozial fortschrittlichen Brüder Thomass aufnahm, gestaltete sich sein Alltag endlich weniger aufregend und arbeitsintensiv. „Das war die schönste Zeit in meinem Leben. Nur mehr 7 ½ Stunden Arbeitszeit, auch sonst hatte ich nicht zu klagen", bemerkt er dankbar. „Dieser Betrieb hatte die größte Geduld mit mir bewiesen."[171] Obwohl

Eugen Thomass, einer der Gründer der Thomasbrauerei.
Er war langjähriger Arbeitgeber von Georg Kandlbinder.
Ölgemälde in Familienbesitz.

er im Auftrag der Gewerkschaft wöchentlich bis zu dreimal für seine ehrenamtlichen Tätigkeiten unterwegs war, musste er wegen der Fehlzeiten in der Brauerei keinerlei zusätzliche Auflagen hinnehmen.

Auch sein langjähriges Engagement für den Konsumverein München-Sendling wurde in dieser Zeit mit einem einflussreichen Amt gewürdigt. In der Generalversammlung, die am 11. Oktober 1921 im

Nachruf

Am 1. Juli l. J. verschied in München

Herr Geheimer Kommerzienrat

Eugen Thomass

Der Entschlafene war Mitbegründer von „Gebrüder Thomass, Bierbrauerei zum Thomasbräu" und hat durch jahrzehntelange, rastlose Arbeit in hervorragendstem Maße mitgewirkt, diese Firma aus kleinen Anfängen zu einem hochbedeutenden, im In- und Auslande gleich angesehenen Unternehmen emporzuführen.

Nach dem Uebergange der Brauerei in unsere Gesellschaft hat der Verewigte als treuer Berater uns durch sein großes fachliches Können und seine reichen Erfahrungen wertvollste Dienste geleistet.

Vornehme Gesinnung und gewinnende Liebenswürdigkeit vollendeten das Bild dieses ausgezeichneten Mannes, das in unserem Hause und in unserer Erinnerung stets einen Ehrenplatz einnehmen wird.

München, am 4. Juli 1932.

Aufsichtsrat und Vorstand der
Aktiengesellschaft Paulanerbräu Salvatorbrauerei und Thomasbräu

*Nachruf auf Eugen Thomass (1863-1932) in der „Brauer-
und Hopfenzeitung". Er war einer der großen Münchner
Unternehmer in der Braubranche.*

Löwenbräukeller stattfand, wählten ihn seine Genossen mit überwältigender Mehrheit von „740 Stimmen" zum Mitglied des aus elf Personen bestehenden Aufsichtsrats der wirtschaftlich sehr einflussreichen Konsumgenossenschaft. In dieser Funktion fuhr er als Delegierter auf Tagungen nach Eisenach und Stettin. Bis 1933 nahm er an zahlreichen Versammlungen der Bau-, Tarif- und Verwaltungskommissionen der Konsumgenossenschaft teil.[172]

Andreas Jacob
Vorsitzender vom 1. Januar 1905
gestorben am 6. Juni 1922

Andreas Jakob, von 1905 bis 1922 Vorsitzender des Verbandes der Brauerei- und Mühlenarbeiter, war ein hochangesehener Bürger Münchens, Verleger, Gemeindebevollmächtigter von 1909 bis 1917 und Vorstandsmitglied der AOK. Georg Kandlbinder wurde einer seiner Nachfolger als Verbandsgeschäftsführer.

Anfang der Zwanziger Jahre gelang es den Sozialdemokraten, sich innerparteilich wieder zusammenzuschließen und zu beenden, was ihnen jahrelang sehr geschadet hatte: Nach fünfjähriger Spaltung vereinigte sich auf dem Nürnberger Parteitag vom 24. September 1922 die MSP wieder mit der Mehrheit der USP. Der radikale linke Flügel der Unabhängigen war bereits 1920 mit der KPD zusammengegangen. Vorübergehend nannte sich die Partei nun Vereinigte Sozialdemokratische Partei Deutschlands (VSPD). Erst seit dieser Zeit wurde die bayerische Sozialdemokratie auch von der Nomenklatur her Teil der Sozialdemokratischen Partei Deutschlands.[173]

Endlich war das erreicht, wofür Georg Kandlbinder sich als Vollzugs- und Zentralrat unter Kurt Eisner und Ernst Niekisch ständig eingesetzt hatte: die Einigung der sozialdemokratischen Parteien.

2. Geschäftsführer im Verband der Brauerei- und Mühlenarbeiter

Die ruhige Phase in seinem Leben sollte schon 1922 vorüber sein. Wieder musste er sich mit dem politischen Tagesgeschehen auseinandersetzen, jetzt aber sah er sich mit einer neuen Situation konfrontiert.

Bereits im März 1920 hatten sich die politischen Verhältnisse infolge des Kapp-Putsches auf Reichsebene auch in Bayern total verändert. Schon gegen Ende der Regierungszeit Hoffmanns übten General von Möhl, Oberst von Epp und Gustav von Kahr faktisch die Macht aus. Als Hoffmann als Ministerpräsident zurücktrat, übernahm der das gegenrevolutionäre Bayern repräsentierende Gustav von Kahr dieses Amt. Nun kamen Kahrs Gesinnungsgenossen nach oben: Ernst Pöhner wurde Polizeipräsident, Wilhelm Frick Leiter der Politischen Abteilung, Hans Ritter von Seißer Chef der Landespolizei. Ernst Röhm wurde in den Generalstab der bayerischen Reichswehrbrigade versetzt.[174]

Hyperinflation. Ein 100.000 Mark-Schein der Bayerischen Notenbank vom 15. Juni 1923.

Die Feinde der sozialdemokratischen Arbeiterbewegung begannen sich zu formieren.

Georg Kandlbinder, gerade mit seinem Leben ins Reine gekommen, gehorchte einem Ruf seiner Gewerkschaft, nicht aus Begeisterung, sondern aus Pflichtgefühl. Als der langjährige Geschäftsführer des Brauerei- und Mühlenarbeiterverbandes, Andreas Jakob, im März 1922 schwer erkrankte, sprang Kandlbinder sofort vertretungsweise für ihn ein. Der Gemeindebevollmächtigte und in der Arbeiterbewegung engagierte Andreas Jakob hatte seit 1905 zusammen mit Joseph Ertl als zweitem Vorsitzenden den Verband in München äußerst erfolgreich geführt. Nach Jakobs Tod am 6. Juni 1922 übernahm Kandlbinder, der dem Verstorbenen seit langen Jahren nicht nur beruflich, sondern auch freundschaftlich verbunden gewesen war, die Position des zweiten Geschäftsführers. Er verließ die Thomasbrauerei, bei der er 26 Jahre gearbeitet hatte, auf Dauer. Wie er feststellt, war es seine Pflicht, „für den Verband dieses Opfer zu bringen. ... Ich bin mit schwerem Herzen endgültig aus der Thomasbrauerei ausgeschieden ... Das war für mich ein gewagtes Experiment, zu einer Zeit, wo die Wogen in der Arbeiterbewegung eine Höhe erreicht hatten, die überhaupt nicht mehr zu überblicken waren ... "[175]

Die Hoffnungen der Arbeiter auf weitere gesellschaftliche Veränderungen und dadurch verbesserte Lebensumstände waren mit der Niederschlagung der Revolution und dem Machtverlust der sozialdemokratischen Führerschaft schwer gedämpft worden. Die Zeitumstände ließen ein Anknüpfen an die Erfolge der Arbeiterbewegung vor dem Krieg in die Ferne rücken.

Ein öffentlicher Aufruf der Gewerkschaften und Betriebsräte gibt die aufgeladene Stimmung der notleidenden Bevölkerung in dieser Zeit deutlich wieder: „Wir erheben unsere Stimme drohend und warnend gegen den seit sieben Jahren anhaltenden Raubzug der Wucherer, Schieber und Schleichhändler auf die Taschen der Arbeiter, Angestellten, Beamten, Invaliden und Erwerbslosen. Ausgebeutet und ausgesogen bis auf das Mark von diesen Hyänen des Schlachtfeldes des Wirtschaftskrieges sind wir außerstande, ohne sofortige Angleichung der Löhne, Gehälter und Renten an die Weltmarktlöhne für uns und unsere Familien nur das Allernotwendigste zur Bestreitung des Lebensunterhaltes zu beschaffen. Unsere Veteranen der Arbeit, unsere Kriegerwitwen und -waisen, die Hinterbliebenen der Revolutionsopfer gehen dem Untergange entgegen ..."[176] Wegen der fortschreitenden Geldentwertung konnten die Löhne mit den steigenden Preisen der Lebensmittel nicht Schritt halten. Oft wurde überhaupt kein Lohn ausbezahlt. Immer mehr Leute verarmten. Bis November 1923 gab es in München 60.665 Erwerbslose und Kurzarbeiter.[177]

Der Unternehmer und Arbeitgeber Eugen Thomass, erfahren durch sein Engagement in der Brauergenossenschaft, erteilte seinem langjährigen Brauereiarbeiter den weisen Ratschlag, in einer solchen Zeit nicht hauptberuflich in die Verbandstätigkeit einzusteigen. Georg

Am 9. November 1923 verhaftete die SA mehrere SPD-Stadträte, darunter auch den jüdischen Rechtsanwalt Albert Nußbaum (in der zweiten Reihe mit Hut).

Kandlbinder scheint nicht klar erkannt zu haben, dass sich Teile der Arbeiterschaft bereits von der traditionellen Linken abwandten und nach rechts abdrifteten. Erst Eugen Thomass öffnete ihm die Augen. Er habe ihn, wie er schreibt, „auf die vorhandenen Strömungen in der Arbeiterbewegung aufmerksam gemacht". Als ihm dann bewusst war, dass mit der Gründung einer neuen, völkisch-national ausgerichteten Partei eine große Gefahr für die SPD und die freien Gewerkschaften heraufzog, konnte er nicht mehr zurück, weil er seinen Vertrag mit der Gewerkschaft bereits unterschrieben hatte.

Schon 1922 lieferte sich die Auergarde, die Kampftruppe der Sozialdemokraten, in München Straßenschlachten mit den braununiformierten

Die Auer-Garde bei einem Zug durch München Anfang der Zwanziger Jahre.
1923 wurde die Kampftruppe der Sozialdemokraten verboten.

Mitgliedern der SA, der Kampftruppe der Nationalsozialistischen Ar-
beiterpartei. Der weit vorausschauende Thomas Wimmer warnte seine
Genossen bereits in einer Parteiversammlung am 13. November des gleichen Jahres vor der NSDAP und rief dazu auf, die Arbeiterführer vor
Hitler zu beschützen und „besonders auch den Bau an der Pestalozzistraße und den am Altheimer Eck („Münchener Post") vor der Zerstö-
rung zu bewahren." „Denn", so Wimmer, „wenn die Zentralen vernichtet
seien, sei die Schlagfertigkeit der Arbeiterschaft ebenfalls verloren."
Der Hitler-Putsch ein Jahr später wurde zwar niedergeschlagen, aber wie
weit die Menschen bereits von der nationalsozialistischen Propaganda
erfasst waren, zeigte sich in den Novembertagen 1923 überdeutlich. Als

die Putschisten den Münchner Oberbürgermeister Eduard Schmid und einige Stadträte, alle Mitglieder der Sozialdemokratischen Partei, am 9. November in den Höhenkirchener Forst als Geiseln verschleppten, erhielten die Opfer keine Hilfe aus der Bevölkerung, sondern wurden auf der Fahrt dorthin von den Passanten angefeindet und aufs Übelste beschimpft. Unter den festgehaltenen Stadträten befand sich auch der den Gewerkschaften nahestehende Sozialdemokrat Albert Nußbaum, jener Rechtsanwalt, der Kandlbinder im so genannten Hochverratsprozess von 1919 vertreten hatte. Nußbaum war Jude und somit im Fokus der nationalsozialistischen Bewegung.[178]

3. „ … die große Niederlage in München bei der Brauereiarbeiter-Aussperrung 1925"

Georg Kandlbinder stand in den Jahren seiner beruflichen Gewerkschaftstätigkeit nicht nur politischen Veränderungen, sondern auch ungeahnten wirtschaftlichen Herausforderungen gegenüber. Die Mitarbeiter seines Verbandes arbeiteten ständig auf Hochtouren, so mussten seit 1922 wegen der fortschreitenden Inflation die Löhne immer wieder neu errechnet und angepasst werden. Weil das Geld in der Gewerkschaftskasse nicht mehr ausreichte, bereitete auch die Verteilung der Unterstützungsgelder für arbeitslos gewordene Mitglieder zunehmend Schwierigkeiten. Die finanzielle Hilfe durch die Gewerkschaft war für viele Menschen existenziell, weil es bis 1927 keine staatliche Arbeitslosenversicherung gab.

In den Zeiten verstärkten Sozialabbaus konnten die Geschäftsführer des Münchner Brauereiarbeiterverbandes auch nicht umhin, das Kampfmittel Streik, das deutschlandweit gegen die Absenkung der Löhne und

Die Bierpreise während der Hyperinflation. Am 1. Oktober 1923 kostete eine Maß Vollbier dunkel 14.000 Mark. Durch die rasant steigenden Malz- und Kohlenpreise sowie die Erhöhung der Reichsbiersteuer wurden bereits vier Tage später die Preise wieder erhöht.

M

An

unsere verehrliche Wirtekundschaft!

Die fortschreitende Erhöhung der Gestehungskosten des Bieres, insbesondere hinsichtlich der Löhne, Gehälter, Frachten und Steuerbelastungen zwingen den Bayerischen Brauerbund zur Festsetzung neuer Bierpreise. Diese stellen sich ab

Montag, den 1. Oktober 1923
in Tausendern

wie folgt:

Faßbier:

	Ganterpreis: M. je Hektoliter		Ausschankpreis: M. je Liter
Dollbier dunkel	865 000		
+ Biersteuer	135 000	1 000 000	14 000
Dollbier hell	905 000		
+ Biersteuer	135 000	1 040 000	14 400
Exportbier dunkel	1 165 000		
+ Biersteuer	135 000	1 300 000	18 200
Exportbier hell	1 225 000		
+ Biersteuer	135 000	1 360 000	19 000
Märzenbier	1 365 000		
+ Biersteuer	135 000	1 500 000	21 000

Flaschenbier:

	Lieferpreis: $\frac{1}{1}$ Fl. M.		$\frac{1}{2}$ Fl. M.		Verkaufspreis: $\frac{1}{1}$ Fl. M.	$\frac{1}{2}$ Fl. M.
Dollbier dunkel	10 850		5 425			
+ Biersteuer	1 350	12 200	675	6 100	14 600	7 300
Dollbier hell	11 250		5 625			
+ Biersteuer	1 350	12 600	675	6 300	15 000	7 500
Exportbier dunkel	14 450		7 225			
+ Biersteuer	1 350	15 800	675	7 900	18 800	9 400
Exportbier hell	15 250		7 625			
+ Biersteuer	1 350	16 600	675	8 300	19 600	9 800
Märzenbier	16 850		8 425			
+ Biersteuer	1 350	18 200	675	9 100	21 600	10 800

Die Preise verstehen sich rein netto ohne jeden Abzug für den Tag der Lieferung, nicht für den Tag der Bestellung.

Zahlung der Bierrechnungen hat jeden Montag und Donnerstag bei der Brauerei zu erfolgen. Jm Verzugsfalle werden 2 % Zins für den Tag berechnet.

Eispreis: $1\frac{1}{2}$ Zentner je Hektoliter werden mit $\frac{1}{3}$ des jeweiligen Preises der Münchener Eiswerke berechnet, der Mehrverbrauch zum vollen Marktpreis.

Verein Münchener Brauereien e. V.

die Erhöhung der Arbeitszeit wieder aufgenommen worden war, einzusetzen. Ostern 1923 griff die Streikbewegung auch auf die bayerischen Brauereiarbeiter über. Die Arbeiter akzeptierten nicht, dass die vertraglich festgelegten Errungenschaften der Revolutionszeit, zum Beispiel der seit November 1918 per Gesetz eingeführte Acht-Stundentag, immer mehr verloren gingen. Zudem forderten sie wegen der Inflation höhere Teuerungszulagen. Der erste allgemeine Brauereiarbeiterstreik in Bayern „wurde siegreich bestanden, der letzte Mann musste wieder eingestellt werden", berichtet Kandlbinder.[179]

Die Arbeitsbedingungen aber verschlechterten sich erheblich, weil die Wochenarbeitszeit bei gleichbleibendem Lohn auf 54 Stunden erhöht wurde, zudem real oft Kurzarbeit angesagt war, was zu weiter sinkenden Löhnen führte. Die im Brauerbund organisierten Arbeitgeber waren bestrebt, den noch geltenden Tarifvertrag, für sie nur „der Revolutionsvertrag", vollständig abzubauen.[180] So war der Streik von 1923 erst der Beginn des Kampfes um die Bestandserhaltung der 1918/19 erreichten Arbeitsbedingungen.

Die politischen und wirtschaftlichen Umstände machten es für die Gewerkschafter auch bei größtem Verhandlungsgeschick immer schwieriger, den Abbau des einmal Erreichten aufzuhalten. Seit 1924 regierte in Bayern Ministerpräsident Heinrich Held mit der Bayerischen Volkspartei (BVP) und im Münchner Stadtrat fand sich 1925 unter Führung des BVP-Oberbürgermeisters Karl Scharnagl eine Mitte-Rechts-Koalition zusammen. In diesen Jahren nach der Währungsstabilisierung versuchten die Politiker in Staat und Gemeinde, ein wirtschaftsfreundliches Klima zu schaffen. Karl Scharnagl, dessen Vater eine Bäckerei in München-Haidhausen besaß, förderte aktiv den Mittelstand und meinte damit, die Gesellschaft gegen alle Erschütterungen von links zu stabilisieren.[181]

Auch die Schlichtungsausschüsse wurden nun so besetzt, dass ihre Entscheidungen zumeist unternehmerfreundlich ausfielen. Die Vorsitzenden des Brauereiarbeiterverbands, Joseph Ertl und Georg Kandlbinder,

Hunger um 1919. In der Münchner Innenstadt wird ein Pferd auf der Straße von Passanten zerlegt und das Fleisch nach Hause gebracht.

kommentierten die Situation knapp, aber deutlich: „Die soziale Formel, den Schwachen soll geholfen werden, hat man längst vergessen."[182] Bereits Anfang 1925 kämpften die Brauereiarbeiter erneut um die Errungenschaft des Acht-Stundentags. Weil Mitte der Zwanziger Jahre Fusionen der Brauereien zu Aktiengesellschaften zunahmen und die Wirtschaftslage unsicher blieb, gingen die Entlassungen weiter und die noch in Lohn stehenden Arbeiter wurden noch mehr belastet. Am 5. März wurden alle Münchner Brauereiarbeiter ausgesperrt, die sich nicht verpflichteten, ohne Zuschlag täglich neun Stunden zu arbeiten.[183] Dieses Mal setzte sich die Unternehmerseite mit äußerst harter Verhandlungsführung durch. Obwohl die Brauereiarbeiter sogar Unterstützung vom Allgemeinen Deutschen Gewerkschaftsbund erhielten, der die gesamte Arbeiterschaft Münchens zu weitestgehender Einschränkung beim Bierverbrauch verpflichtete, mussten die Verbandsfunktionäre auf Arbeitnehmerseite schließlich nachgeben.[184] Von den zahlreichen 1925 in Deutschland ausgetragenen Arbeitskämpfen fand der in Bayern durchgeführte Brauereiarbeiterstreik als der größte und folgenreichste überregionale Beachtung in der Presse.[185]

Bei der Beurteilung dieses Streiks spart der damalige Geschäftsführer des Brauereiarbeiterverbandes Georg Kandlbinder nicht mit kritischen Worten: „Umso schmerzlicher war die große Niederlage in München bei der Brauereiarbeiter-Aussperrung im März 1925 mit den vielen Opfern von braven Kollegen, die für den Achtstundentag drei Wochen lang gekämpft hatten und durch den Machtdünkel der Münchner Brauereien, mit der Hilfe der Polizei und Behörden und amtlichen Stellen unschuldig auf der Strecke geblieben sind."[186]

Die genaue Zahl der ausgesperrten Arbeiter erfahren wir aus einem Polizeibericht: Die Münchner Brauunternehmer stellten 400 Leute nicht wieder ein, sondern holten die nötigen Arbeitskräfte von außerhalb.[187]

Die Verbandsführer Ertl und Kandlbinder versuchten trotzdem, Zuversicht zu verbreiten und beendeten ihren Geschäftsbericht von 1925 mit dem Aufruf: „Verpflichten wir uns, noch mehr in der Zukunft zu arbeiten für Ausbau und Stärkung der Organisation, damit wir jederzeit in der Lage sind, den Arbeitgebern die Waage zu halten ... lest die Arbeiterpresse ... Sie führt rastlos den Kampf für die Freiheit, Gleichheit und Wohlfahrt der Unterdrückten."[188]

Kandlbinders Bericht endet mit dem Oktober 1926. Die Position, die er nun in seinem Verband einnahm, bot ihm (noch) genügend Gestaltungsspielraum, um sich mit ganzer Kraft seinem Lebensziel zu widmen, das hieß: trotz widriger Zeiten nicht aufzugeben und für die Verbesserung der Lebensumstände der wirtschaftlich bedrängten Arbeiter zu kämpfen. Klassenbewusst resümiert er am Ende seines Rückblicks: „Das Dreigestirn Gewerkschaft, Partei und Genossenschaft. Gewerkschaftlich organisiert 31 Jahre, politisch 25 Jahre, genossenschaftlich 24 Jahre."[189]

4. Im Vorstand des Allgemeinen Deutschen Gewerkschaftsbundes München

Um dem wirtschaftlichen Abwärtstrend entgegenzuwirken, hatten sich bis Ende der Zwanziger Jahre immer mehr Brauereien zusammengeschlossen, auch die Thomasbrauerei 1928 mit der seit 1899 bestehenden Aktiengesellschaft Paulanerbräu-Salvatorbrauerei. Die Gewerkschaftsbewegung sah sich daher vor die Aufgabe gestellt, ein adäquates Gegengewicht zur mächtigen Braubranche aufzustellen und strebte an, die Arbeitnehmer in starken Verbänden zu konzentrieren. Viele der bisher einzeln agierenden Berufsverbände fusionierten deshalb nun zu größeren Einheiten. Der schon nach dem Ersten Weltkrieg als Dachverbund gegründete Allgemeine Deutsche Gewerkschaftsbund (ADGB) verhalf den Zentralverbänden bei wichtigen Verhandlungen zu mehr Schlagkraft.

Dem Zentralverband deutscher Brauereiarbeiter waren bereits 1910 die Mühlenarbeiter beigetreten. 1924 erweiterte er sich zum Lebensmittel- und Getränkearbeiterverband, am 1. April 1928 schließlich zum großen Industrieverband der Nahrungsmittel- und Getränkearbeiter. Neben den Brauerei- und Mühlenarbeitern vertrat er nun auch die Bäcker, Konditoren, die Arbeiter der Süß-, Back- und Teigwarenindustrie, der Fleischerei- und Wurstfabriken sowie die Böttcher und Weinküfer.[190]

Georg Kandlbinder, der bereits in seinem 24. Lebensjahr dem Brauereiarbeiterverband beigetreten war und der dessen Entwicklung seit den frühen Anfängen bestens kannte, übernahm 1928 die Führung dieses fusionierten großen Industrieverbandes in München mit nun 7.100 Mitgliedern. Als Geschäftsführer für 36 Tarifverträge verantwortlich, konnte er viele Aufgaben nur in Zusammenarbeit mit dem nun in der überörtlichen Organisation tätigen Joseph Ertl bewältigen. Dem ehemaligen Münchner Gewerkschaftsverein, der seit 1920 als Ortsausschuss des ADGB fungierte und wie in der Vorkriegszeit im

Die Gewerkschaften schlossen sich zusammen, um mehr Schlagkraft zu gewinnen. Am 1. April 1928 wurde Georg Kandlbinder erster Geschäftsführer des Verbands der Nahrungsmittel- und Getränkearbeiter. Er vertrat nun nicht mehr nur die Brauerei- und Mühlenarbeiter, sondern auch die Bäcker, Konditoren, Böttcher und Fleischer.

Pestalozzihaus beheimatet war, gehörten nach vielen Zusammenschlüssen auch anderer Berufszweige noch neun große Industriebranchen an. Als Leiter der Branche Lebens- und Genussmittel wurde Georg Kandlbinder nun als einer der neun führenden Verbandsführer auch in dessen Vorstandschaft berufen. An seiner Spitze standen der langjährige Vorsitzende Gustav Schiefer und Anton Fribl. Im engsten Leitungsgremium, das die Politik des Gewerkschaftskartells in München bestimmte, saß seit 1928 auch Georg Kandlbinder.

Dem nun führenden Gewerkschafter wurden weitere Ehrenämter übertragen, seit 1927 vertrat er die freien Gewerkschaften als beisitzender Arbeitsrichter am neu geschaffenen Arbeitsgericht München, seit 1928 als Beisitzer im städtischen Versicherungsamt, seit 1929 im Arbeitsamt. In diesem Jahr wurde er auch in die Aufsichtskommission der Volksfürsorge gewählt.[191]

5. Ein hellsichtiger Warner vor der heraufziehenden Gefahr des Nationalsozialismus

Die Weltwirtschaftskrise, die auf den Börsenkrach im Oktober 1929 folgte, zog Deutschland mit in den Abgrund. War 1931 jeder zehnte der 730.000 Einwohner Münchens arbeitslos, stieg die Zahl zwei Jahre später bereits auf 85.933 Arbeitsuchende. Bei leeren Kassen konnte die erst kurze Zeit bestehende Arbeitslosenversicherung die Menschen nicht mehr unterstützen, auch die öffentlichen Wohlfahrtseinrichtungen waren am Ende ihrer Möglichkeiten angelangt. Die große soziale Krise verhalf der radikalen NSDAP zu immer mehr Zulauf und die bürgerlichen

Parteien schafften es nicht, gemeinsam mit der SPD ein Bollwerk gegen sie zu errichten. In Bayern waren weder die maßgebende konservative Bayerische Volkspartei noch die SPD willens, zusammenzuarbeiten.

Auch die Münchner Gewerkschaft und die Basis der SPD hatten sich entfremdet und büßten dadurch an Stärke ein. Der damalige Vorsitzende der Münchner Ortsgruppen der SPD, Thomas Wimmer, warf in einer Versammlung im Juli 1929 im Kreuzbräu den Gewerkschaftsführern vor, dass sie in ihren Verbänden eine viel zu große politische Neutralität dulden würden. Von 59.000 Gewerkschaftsmitgliedern seien nur noch 4.800 politisch organisiert.[192]

*Mit diesem Wahlplakat kämpfte die SPD 1930 gegen die
NSDAP um die Stimmen der Arbeiterschaft.*

Die Münchner Jahresberichte des Verbands der Nahrungsmittel- und
Getränkearbeiter, für die Georg Kandlbinder bis 1932 verantwortlich
zeichnete, geben Auskunft über die gefährliche Entwicklung jener Jahre, in denen sich die Auswirkungen der Weltwirtschaftskrise auch in
Bayern verstärkten.

Da die Menschen immer weniger verdienten, sank der Bierkonsum
drastisch, so dass in den bayerischen Brauereien die Fünf-Tagewoche
mit Kurzarbeit eingeführt wurde. Die Brauereiarbeiter mussten deshalb wöchentlich bis zu 20 Prozent Verdienstabschlag hinnehmen. Die

Viele Arbeiter erhofften sich bessere Lebensbedingungen durch die NSDAP: Münchner Arbeiterkind als „kleiner Nazi" an Weihnachten 1933.

Gewerkschaft konnte dieser Entwicklung nur ständige Lohnforderungen entgegenhalten, allerdings mit wenig Erfolg. Als die Regierung durch Notverordnungen in die Lohn- und Tarifverträge eingriff, sanken die Löhne wieder. Erstmals kam Georg Kandlbinder 1930 nicht umhin, eine Abnahme der Mitgliederzahlen seines Verbandes bekanntzugeben. Die Austritte aus der Gewerkschaft waren als Antwort auf Arbeitslosigkeit und Armut zu verstehen und signalisierten, dass sich in der Arbeiterschaft höchste Verbitterung über ihre aussichtslose Lage breit machte.

Der mit seinem sozialen Umfeld stets eng verbundene Arbeiterführer Georg Kandlbinder erkannte deutlich, wie sich die Stimmung in den ständig zu kurz kommenden Arbeiterfamilien negativ aufheizte und der heraufziehenden Gefahr von rechts Auftrieb gab. Er sparte nicht mit heftigen Anschuldigungen gegen die Politik. „Unter dem Vorwand,

*Titelseite der Jugendzeitung des Verbandes der
Nahrungsmittel- und Getränkearbeiter vom 1. Mai 1932:
„Kraftvoll und doch zu schwach gegen die Nazis." Gegen
die brutale Übermacht der Nationalsozialisten kamen die
Gewerkschaften nicht an. Sie verloren Mitglieder.*

den ‚Marxismus' und das ‚heutige System' zu bekämpfen und zu beseitigen," so schreibt er im Jahresbericht von 1930, „zielt der Ansturm der
Reaktion dahin, die einseitige Schreckensherrschaft über die Arbeiterschaft wiederaufzurichten. Die Not des Volkes und die bestehende Unzufriedenheit werden benützt, um die Verwirrung zu steigern und die
parteipolitischen Leidenschaften zu entfesseln. Alle gewerkschaftlichen
Errungenschaften – Tarifverträge, Schlichtungsordnung und sämtliche
Sozialversicherungen – sollen beseitigt werden. Das sind die Pläne der
so genannten nationalen Opposition ... "[193]
Unermüdlich und eindringlich versuchte Georg Kandlbinder die
Arbeiter darüber aufzuklären, dass gerade die nicht organisierte

*„Unser Verband steht fest!" Diese Worte,
die als Titel auf der Festschrift „100 Jahre
Gewerkschaft NGG" von 1987 stehen,
prägte Georg Kandlbinder am 31. Januar
1933, einen Tag nachdem Adolf Hitler
Reichskanzler in Berlin geworden war.*

Arbeiterschaft bei zunehmender Macht der Nationalsozialisten be-
droht sein würde: „Das abgelaufene Geschäftsjahr hat ... alles bisher
Dagewesene in den Schatten gestellt," schreibt er. „Die Arbeitslosenzahl
ist nahezu auf sechs Millionen gestiegen, dazu kommen noch Tausende von unsichtbaren ‚Arbeitslosen', die durch die Juni-Notverordnung
keine Unterstützung mehr erhalten und infolgedessen auch nicht mehr
gemeldet sind ... Schuld an diesen trostlosen Verhältnissen in Deutschland ist zum allergrößten Teil der politische Wirrwarr und der Partei-
wahnsinn der Nazis ... Aussichten auf eine politische Entspannung sind
im neuen Jahre nicht vorhanden", so Kandlbinder im Schlusswort des
Berichtes von 1932, „das beweisen die gegenwärtigen Vorgänge bei uns
im Reich. Ein Kabinett Hitler-Papen-Hugenberg ist auferstanden ...
Die größten Feinde der Arbeiterklasse, die sich noch vor wenigen Tagen heftig bekämpften, führen jetzt gemeinsam den Kampf gegen die

Arbeiter. Die Hugenberg und Papen sind Großkapitalisten und Hitler ist ‚Nationalistischer Arbeiterführer' … Den Arbeitskollegen, die jetzt noch nicht wissen, wo sie hingehören, ist wirklich nicht mehr zu helfen," so Kandlbinders äußerst mutiger, einen Tag nach der Ernennung Adolf Hitlers zum Reichskanzler in Berlin niedergeschriebener Appell an seine Genossen.

Georg Kandlbinder sah mit großer Klarheit, dass die in Gewerkschaften vereinten Arbeiter ein Gegengewicht gegen die Nationalsozialisten bilden könnten, wenn sie nur stark genug wären, nicht aufgäben und sich zusammenschlössen. Er befürchtete, dass alles, was die demokratische Arbeiterbewegung bisher erreicht hatte, ins Wanken geraten könnte, deshalb gab er Kampfparolen aus und versuchte, eine Front des Widerstands aufzubauen. Er rief seine Mitstreiter zu vermehrter Agitationsarbeit und Mitgliederwerbung auf und gab ihnen die starke Losung mit auf den Weg: „Unser Verband steht fest", „Mutlosigkeit darf nicht aufkommen."[194]

Manchen seiner Weggefährten aus der Arbeiterbewegung wurde vorgeworfen, Adolf Hitler und die Nationalsozialisten verharmlost zu haben. Wie die glücklicherweise wieder aufgefundenen Jahresberichte seines Münchner Verbandes beweisen, gehörte Georg Kandlbinder zu denen, die schon frühzeitig den Versuch unternahmen, den Zeitgenossen die Augen zu öffnen, ja sie wachzurütteln und zu Gegenmaßnahmen aufzurufen.

VI. Verfolgt von den Nationalsozialisten

Seit der Berufung Hitlers zum Reichskanzler am 30. Januar 1933 begann der unaufhaltsame Siegeszug der Nationalsozialisten in Deutschland. Ab 9. März übernahm ihre Partei die Macht in Bayern. Die bayerische Landesregierung unter Ministerpräsident Heinrich Held hatte keine Hilfe von der in München stationierten 7. Division der Reichswehr zu erwarten. So konnte General Franz Ritter von Epp, der schon an der Niederschlagung der Räterepublik im Jahr 1919 beteiligt gewesen war, als bayerischer Reichskommissar eingesetzt werden und zugleich die Polizeigewalt übernehmen. Noch am 9. März begann die Ausschaltung oder zumindest Einschüchterung und Bedrohung missliebiger Personen, zuallererst der Kommunisten und führenden Sozialdemokraten.

An diesem Tag wurde die Redaktion der sozialdemokratischen Zeitung „Münchener Post" verwüstet, dessen Schriftleiter und seit 1924 auch Teilhaber Erhard Auer war. Er sollte bei dem Überfall auf die Redaktionsräume am Altheimer Eck 19 verhaftet werden, was aber zu diesem Zeitpunkt misslang. Auer, Münchner SPD-Stadtrat und immer noch Landesführer der bayerischen Sozialdemokraten, gehörte zum Feindbild Nummer Eins der Nazis. Auch besonders deshalb, weil er als süd-bayerischer Vorsitzender des 1924 gegründeten Bundes Reichsbanner Schwarz-Rot-Gold, einer reichsweiten Selbstschutzorganisation der republikanisch gesinnten ehemaligen Kriegsteilnehmer, stets heftig gegen die Nationalsozialistische Partei agitiert hatte.

Unter den Verhafteten der ersten Tage der Machtergreifung befand sich auch der Münchner Stadtrat und SPD-Vorsitzende Thomas Wimmer, dessen Äußerungen gegen rechts seit Anfang der Zwanziger Jahre von der Polizei penibel protokolliert worden waren. Die Mitglieder des Stadtrats, die nicht der NSDAP angehörten, wurden sukzessive entmachtet, bis der Stadtrat im Juli 1933 rein nationalsozialistisch besetzt war. Am 20. März musste Karl Scharnagl sein Amt zugunsten des Nationalsozialisten Karl

Fiehler aufgeben, der nun vom Stadtratsmitglied zum Oberbürgermeister avancierte.[195] Erhard Auer wurde am 9. Mai mit anderen sozialdemokratischen Stadträten aus einer Sitzung im Rathaus herausgeholt, zusammengeschlagen und vorläufig „in Schutzhaft" genommen.[196] Viele der Gefangenen „in Schutzhaft" kamen ab Ende März 1933 in das neu errichtete Konzentrationslager in Dachau. Heinrich Himmler, zum Politischen Polizeikommandeur für ganz Bayern ernannt, ließ seine Leitstelle ab Herbst 1933 im Wittelsbacher Palais in der Brienner Straße einrichten. Hier wurden alle, die nicht in das Schema des NS-Systems passten, zum Verhör durch die Bayerische Politische Polizei, später der Gestapo, eingeliefert, wobei Misshandlung und Folter keine Seltenheit waren.[197]

Das Aus für die Sozialdemokratische Partei und für das Reichsbanner kam mit der Beschlagnahme ihres Vermögens. In München begann die Suche danach sofort nach dem 9. März. Offiziell wurde die SPD im Juni, im Juli dann auch die Bayerische Volkspartei, verboten.[198]

1. Angegriffen und zusammengeschlagen als Gewerkschafter beim Überfall auf das Gewerkschaftshaus

Am 9. März zog die SA auch vor dem Gewerkschaftshaus an der Pestalozzistraße 40/42 auf. Wegen der zu erwartenden Angriffe hatten sich Münchner Sozialdemokraten, Gewerkschafter und Mitglieder des Reichsbanner dort bereits am 8. März versammelt und verbarrikadiert. Unter ihnen waren auch Gustav Schiefer und Georg Kandlbinder.
Erhard Auer, der die akute Gefahr unterschätzte und auf den Schutz durch die Polizei hoffte, verbot es den Mitgliedern des Reichsbanners gegen deren Willen, sich zu bewaffnen. Die SA aber marschierte mit Maschinengewehren auf und die Polizei hielt sich abseits. Augenzeugen wie Wilhelm Hoegner und Joseph Schober berichten, dass die Reichsbannerleute einen kampflosen Abzug der Bedrohten aushandeln hätten

Im März 1933 wurde das Gewerkschaftshaus an der Pestalozzistraße 40-42
von der SA besetzt. Georg Kandlbinder und Gustav Schiefer befanden sich dort,
als sich der Überfall ereignete. Am 2. Mai wurden endgültig alle Häuser des
ADGB geschlossen. Das Münchner Gewerkschaftshaus diente vorübergehend als
Gefängnis für NS-Gegner.

können. Die Gewerkschafter seien durch die Reihen der SA auf die Straße getrieben und von einem Offizier der Landespolizei mit Kolbenstößen dazu aufgefordert worden, die Hände hoch zu nehmen.

Was weiter passierte, wissen wir von dem beteiligten Gewerkschafter Gustav Schiefer. Er erklärte eidesstattlich am 19. November 1945 vor der amerikanischen Militärregierung, dass die Nazis das Gewerkschaftshaus gestürmt, alle Schlösser aufgebrochen und die Dokumente mitgenommen hätten. Ob am 9. März oder später, das geht aus diesem Bericht nicht klar hervor, seien viele Kollegen, darunter Georg Kandlbinder, Anton Friebl, Joseph Ertl und Heinrich Gassner, im Keller des Gewerkschaftshauses angegriffen und verprügelt worden.[199] Die hier genannten gehörten alle seit langem zur Führungsriege des Münchner Gewerkschaftskartells.

Im Zug dieser Aktion erfolgte auch die Verwüstung der Büroräume der republikanischen Wehrtruppe (Reichsbanner), die sich wie die der SPD und der Gewerkschaft im Haus an der Pestalozzistraße 40/42 befanden.

Aus ihren Verwaltungsräumen vertrieben, konnten die Gewerkschafter ihre Funktionen nicht mehr wahrnehmen. Am 2. Mai wurden alle Häuser des Allgemeinen Deutschen Gewerkschaftsbundes geschlossen und sein Vermögen eingezogen. Gehälter an die berufsmäßigen Gewerkschafter konnten nicht mehr ausbezahlt werden. Das Münchner Gewerkschaftshaus diente nun vorübergehend als Gefängnis für NS-Gegner.[200]

An die Stelle der Gewerkschaften trat eine NS-Zwangsorganisation, die Deutsche Arbeitsfront (DAF), die inzwischen als einzige zulässige Organisation für Arbeitnehmer gebildet worden war und unter Robert Ley stand.

Gustav Schiefer, Vorsitzender des Münchner Gewerkschaftsbundes und seit zwei Jahrzehnten in der Arbeiterbewegung führend, stand, wie vielen Politikern der Linken, ein harter Leidensweg bevor. Am 15. März krankenhausreif geschlagen, wurde er ab 25. August 1933 im Gefängnis

*Der Gewerkschafter Gustav Schiefer, langjähriger Weggefährte von Georg
Kandlbinder, wurde im März 1933 im Gewerkschaftshaus krankenhausreif
geschlagen, später in Stadelheim eingesperrt und 1944 in das KZ Dachau
eingeliefert. Er überlebte alle Strapazen und konnte von 1945 bis 1948 als
Vorsitzender der SPD-Rathausfraktion seine langjährigen Erfahrungen für die
Arbeiterbewegung einbringen. Am 19. Mai 1956 starb er hochgeehrt als „großer
Anwalt des kleinen Mannes" im Alter von 80 Jahren.*

Stadelheim eingesperrt, dann zwei Jahre unter Polizeiaufsicht gestellt. Nach dem gescheiterten Attentat auf Hitler 1944 kam er in das KZ Dachau.[201]

Eine Anfrage in der KZ-Gedenkstätte Dachau ergab, dass Georg Kandlbinder in der dortigen Häftlingskartei nicht registriert ist und keinerlei Unterlagen über ihn vorhanden sind.[202] Auch die Familie Kandlbinder weiß nichts davon, dass ihr Vorfahre von den Nationalsozialisten inhaftiert worden sei (auch nicht in Stadelheim oder Am Neudeck).

Wie konnte Georg Kandlbinder dem harten Schicksal einer Haft entkommen, obgleich er als Beteiligter an der Räterevolution zum Kreis derer gehörte, die vordringlich gesucht wurden und deren Namen in Gerichtsakten und Polizeiberichten zu finden waren?[203] Als einer der seit Jahrzehnten für die linke Arbeiterbewegung tätig war und bis 1933 als führender Gewerkschafter Einfluss auf sie hatte, musste er nun doch als höchst gefährdet gelten. Noch dazu hatte er aus seiner Haltung gegenüber den Nationalsozialisten nie ein Hehl gemacht und deutlich Stellung gegen sie bezogen, das konnte jederzeit in den gedruckten und veröffentlichten Jahresberichten seines Verbands nachgelesen werden. Die freien Gewerkschaften und ihre Führer kaltzustellen, war doch das erklärte Ziel der neuen Machthaber.[204]

Von den bisher bekannten Fakten ausgehend, müssen wir annehmen, dass es Georg Kandlbinder von 1933 bis 1935, dem Jahr seines Todes, gelang, nicht eingesperrt zu werden. Bei seiner Vorgeschichte eigentlich unglaublich, da allein bis zum Oktober 1933 14.244 als Regimegegner Verdächtige in Dachau vorübergehend oder auf Dauer in „Schutzhaft" genommen wurden.[205]

Möglicherweise schützte Georg Kandlbinder in den ersten Monaten der Verfolgung, dass er nicht zu den prominenten Führern der linken Arbeiterbewegung gehörte und keine polizeilichen Fahndungsfotos von ihm existierten. Er vermied es auch seit langem, wohl vorbelastet durch seinen Zuchthausaufenthalt in Ebrach im Jahr 1919, in der Öffentlichkeit aufzufallen und sich für Publikationszwecke ablichten zu lassen. In gefährlicher Zeit hatte er gelernt, sich taktisch geschickt zu verhalten. Den Kriminalbeamten, die auch schon in den Zwanziger Jahren alle Versammlungen von Gewerkschaft und Sozialdemokraten beobachteten, war sein Name nicht allzu geläufig. In einem der Polizeiprotokolle erscheint er als „Kanniber". Höchst selten werden seine Diskussionsbeiträge unter seinem Namen aktenkundig, so als er sich deutlich für den Aufbau einer Kampftruppe (der sogen. Auergarde) gegen die Gefahr von rechts aussprach und als er bei einer von der SPD geplanten Volksbefragung zur Fürstenenteignung eindeutig für die linke Position, (die allerdings chancenlos blieb) plädierte.[206]

Mutmaßlich versuchte Georg Kandlbinder, seine Spuren durch mehrmaligen Wohnungswechsel zu verwischen: 1930 verabschiedete er sich von seiner Parteisektion, weil er seine Wohnung in der Tumblingerstraße im Schlachthofviertel, wo er sehr bekannt war, aufgab. Auch später zog er noch einmal um.

Trotz aller Vorsichtsmaßnahmen geriet er aber seit der Machtübernahme immer mehr in das Netz der NSDAP, weil sie ausnahmslos alle von der sozialdemokratischen Arbeiterbewegung aufgebauten Einrichtungen verfolgte.

2. Angezeigt wegen Misswirtschaft als Aufsichtsrat der Konsumgenossenschaft Sendling-München

Georg Kandlbinder verlor nicht nur seine Arbeitsstelle als Geschäftsführer einer Gewerkschaft, sondern mit der Ausschaltung von SPD und Gewerkschaft auch alle seine ehrenamtlichen Betätigungsfelder.

Im Jahr 1932 zum zweiten Vorsitzenden des Aufsichtsrats der Konsumgenossenschaft Sendling-München gewählt, nahm er dieses Amt trotz schwieriger Umstände an. Die Münchner Genossenschaft mit dem Umsatzvolumen von circa 20 Millionen Reichsmark hatte zwar noch 58.332 Mitglieder und 1.244 Beschäftigte, musste aber im Vergleich zu 1931 einen Umsatzrückgang hinnehmen, der teils einer Schwächung der Kaufkraft, teils aber auch einer zunehmenden Stimmungsmache gegen die Genossenschaft zuzuschreiben war. 1932 bildete sich in München eine von nationalsozialistischen Anhängern geförderte „Kampfgemeinschaft gegen Warenhaus- und Konsumvereine", welche versuchte, ihre Mitglieder einzuschüchtern.[207] Der Vorwurf lautete, die Genossenschaft Sendling-München würde mit ihrer Politik der niederen Preise den Einzelhandel schwächen.

Nicht nur in München, sondern überall im Reich wurde gegen die Konsumgenossenschaften, die insgesamt ungefähr 10 Prozent Marktanteil besaßen, vorgegangen. Hauptmotiv der NS-Angriffe war aber ihr sozialdemokratischer und gewerkschaftsfreundlicher Hintergrund. Ab 3. Mai setzten die Aktionen Robert Leys und seiner Deutschen Arbeitsfront ein, bei denen in 1.200 Verbrauchergenossenschaften die bisherigen Leitungsgremien entfernt wurden.[208]

In München ließ Ley wenige Tage später die Vorstandsmitglieder des Konsumvereins Sendling-München, Hans Bauer, Georg Bergmann und Albert Bayerle fristlos ihrer Ämter entheben. Ihre Verträge wurden

Die Nationalsozialisten beschlagnahmten das Vermögen der freien Gewerkschaften, so auch des Verbandes der Nahrungsmittel- und Getränkearbeiter. Georg Kandlbinder wurde entlassen. Die Eingliederung in die Deutsche Arbeitsfront begann und das frühere Personal wurde durch Parteimitglieder der NSDAP ersetzt.

_D e u t s c h e   A r b e i t s f r o n t !_

Deutscher Arbeiterverband des Nahrungsmittelgewerbes, Bezirk Bayern,
Sitz M ü n c h e n / Pestalozzistr. 40/III / Telefon 51 3 54.

/H.   München, den 12. Juli 1933.

An sämtliche Beauftragte

    im Deutschen Arbeiterverband des
    Nahrungsmittelgewerbes,

                Bezirk B a y e r n .

        Hiermit o r d n e ich an, daß die

gesamten Barbestände der Lokalkassen s o f o r t nach

M ü n c h e n überwiesen werden und zwar auf unser Konto bei

der Arbeiterbank, Filiale München, K.Nr. 29, Postscheck K.4395,München.

        Bei Bedarf wird den Ortsgruppen jeweils
der erforderliche Betrag überwiesen.

        Ich ersuche nochmals d r i n g e n d
die Überweisung s o g l e i c h vorzunehmen.

        Ferner ist dafür zu sorgen, daß die Quar-
talsabrechnung für das II. Quartal 1933 fertiggestellt wird. Eine
Abschrift der Abrechnung ist uns u m g e h e n d zu übersenden.

        Bezüglich sonstiger Differenzen und An-
fragen, sowie Veränderungen innerhalb der Ortsgruppenverwaltung,
sind diese unverzüglich an die Bezirksleitung B a y e r n in
M ü n c h e n , Pestalozzistr. 40/III. zu melden. Das bitte ich
dringend zu beachten.

                H e i l H i t l e r !

Der Beauftragte   Der Beauftragte der N.S.B.O. für den
für den A. D. G. B.   Deutschen Arbeiterverband des Nahrungs-
in B a y e r n .   mittelgewerbes, Bezirk B a y e r n
                      Sitz München.

Makulatur. Ebenso erging es den 13 Mitgliedern des Aufsichtsrates, darunter Georg Gallenmüller, Anton Bareth, Karl Rischart und Georg Kandlbinder, die auch noch wegen Misswirtschaft sowie Schädigung der Genossenschaftsmitglieder angezeigt wurden. Mit dieser Anschuldigung schien den NS-Machthabern die Entfernung der Führungsriege aus allen Bereichen der Genossenschaft ausreichend begründet. Als neue „Betriebsführer" setzten die Nationalsozialisten ihre Parteimitglieder Hanns Sander und Werner Langenhan ein.

Des ursprünglich genossenschaftlichen Charakters entkleidet, wurden die Konsumvereine zu einem Konzern zusammengeschlossen und unter dem Namen „Gemeinschaftswerk der Deutschen Arbeitsfront" weitergeführt. Den Arbeitern blieben zwar ihre Spareinlagen, die sie auf ein individuelles Konto der Sparkasse der Genossenschaft einbezahlt hatten, erhalten, aber das Kapital des Konsumvereins, das eigentlich anteilsmäßig auch den Genossen gehörte, ging auf die „Deutsche Arbeitsfront" über.[209]

3. Familienhaftung: Entlassung des Sohnes Georg Anton aus der AOK

Dem fast am Ende seiner Berufskarriere stehenden 62-jährigen Georg Kandlbinder war mit der Machtergreifung Hitlers die gesamte materielle Lebensgrundlage entzogen worden. Aber nicht genug damit, es traf ihn ein weiterer Schlag. Auch seinem 37-jährigen Sohn Georg Anton, seinem Erstgeborenen, wurde als Sozialdemokrat und früherem Mitglied des Reichsbanners die bisherige berufliche Existenz genommen. Seit seiner Rückkehr aus englischer Gefangenschaft hatte Georg Anton zuerst aushilfsweise, ab 1922 als Verwaltungsassistent und später als Sekretär bei der AOK München gearbeitet. Möglicherweise spielte bei seiner Einstellung die Protektion durch Gustav Schiefer, dem Vorstandsvorsitzenden der AOK und Weggefährten seines Vaters, eine Rolle.

Nun jedoch eroberte sich die NSDAP auch die vormals sozialdemokratisch ausgerichtete AOK, so dass sich für Georg Anton, Sozialdemokrat wie der Vater, hier kein Platz mehr fand. Am 22. Mai 1933 wurde er auf Weisung des neu eingesetzten Reichskommissars für die Orts- und Landkrankenkassen vom Dienst beurlaubt, am 25. August fristlos entlassen mit der Begründung, dass seine „nationale Zuverlässigkeit" nicht gegeben sei. Die Entlassung wurde gerechtfertigt mit dem „Gesetz zur Wiederherstellung des Berufsbeamtentums" vom 7. April 1933. Georg Anton erhielt sein Gehalt für ein weiteres halbes Jahr, dann aber nur noch eine kleine Rente. Jeder Einspruch dagegen wurde abgewiesen, schließlich musste er sich noch vorhalten lassen, er sei Marxist.[210]

Georg Antons Schicksal ereilte viele Arbeiter, Angestellte und Beamte, die bei Stadt oder in ihrer Aufsicht unterstellten Institutionen beschäftigt waren. Auch Thomas Wimmer verlor nun seine Stelle als Sekretär im Arbeitsamt. Mit Georg Anton Kandlbinder wurden mindestens sechs weitere Angestellte 1933 aus der AOK München entlassen.[211]

Bisher weiß man von 970 Entlassungen, vor allem von Kommunisten, aber auch Sozialdemokraten durch die NSDAP in den städtischen Institutionen Münchens.[212] Auf diesem Gebiet fehlen aber noch genaue wissenschaftliche Untersuchungen, so dass eine weitaus größere Zahl von Geschädigten anzunehmen ist.[213]

4. Das Ende einer in der Arbeiterbewegung engagierten Familie im NS-Staat

Im Juli 1933 fanden Georg und Maria Kandlbinder Unterschlupf in der Wohnung ihres jüngeren, seit zwei Jahren verheirateten Sohnes Richard in der Kraelerstraße in Sendling.

Der aus der AOK entlassene Sohn Georg Anton machte sich selbständig. Er konnte sich und seine Familie in den folgenden Jahren bis Kriegsbeginn mit einem kleinen Fuhrunternehmen über Wasser halten. Seine erste Ehe überstand diese schweren Jahre der gesellschaftlichen Ausgrenzung nicht und ging zu Bruch.

Georg Kandlbinder senior dürfte diese Zeit in ständiger Angst vor Entdeckung und Verhaftung verbracht haben. Die Fahndung der Gestapo nach Gewerkschafts- und SPD-Funktionären lief weiterhin auf Hochtouren. In einer 1935 bayernweit durchgeführten Suchaktion, welche die Politische Polizei über die Bezirksämter laufen ließ, war sein Name in Verbindung mit seiner Tätigkeit als Gewerkschafter bereits erfasst. Auf dieser Fahndungsliste stand glücklicherweise noch die Adresse seines Sohnes Georg Anton verzeichnet, wo er aber zu dieser Zeit nicht mehr wohnte. Zudem wurden seine Daten mit denen seines Sohns Georg Anton verwechselt.[214] Georg Kandlbinder war möglicherweise nun doch noch Polizeiverhören ausgesetzt, in Erfahrung gebracht werden konnte es nicht.

Als Gewerkschafter im März 1933 körperlich attackiert, als Genossenschaftsrat zu Unrecht angeklagt, durch Verlust seiner beruflichen Stellung und seiner Ehrenämter gedemütigt und bis zuletzt verfolgt, blieb Georg Kandlbinder gesundheitlich beeinträchtigt. Zweieinhalb Jahre nach der Machtergreifung der NSDAP in Bayern, am 15. November 1935, brach er unterwegs in der Stadt auf der Straße plötzlich zusammen und starb am gleichen Tag im Münchner Krankenhaus rechts der Isar. Als Todesursache wurde Schlaganfall diagnostiziert. Genaueres über die Umstände seines Todes ist nicht bekannt.

> Unerwartet schnell verstarb infolge e nes Schlaganfalles
> am 15. XI. 35 mein treubesorgter Gatte, unser lieber Vater
>
> # Herr Georg Kandlbinder
>
> im Alter von 64½ Jahren.
>
> München, den 15. November 1935
> Kraelerstr. 14/I lks.
>
> ### Die tieftrauernde Gattin
> nebst Söhnen und übrigen Verwandten.
>
> Die Feuerbestattung findet am Montag, den 18. November 1935
> nachmittags 3 Uhr im Krematorium Ostfriedhof statt.

*Georg Kandlbinder starb am 15. November 1935 im Alter von
64 Jahren. Er wurde auf dem Ostfriedhof feuerbestattet. Seine
Grabstätte war auf dem Waldfriedhof.*

Die Zeitumstände ließen nicht zu, dass Georg Kandlbinder eine seinem
großen sozialen und bürgerlichen Engagement entsprechende posthu-
me Anerkennung seines Lebenswerkes erfahren hätte. Aufgrund der
Ausschaltung aller Presseorgane der Arbeiterbewegung bestand kein
Forum mehr, um verdiente Sozialdemokraten und Gewerkschafter mit
einem ehrenvollen Nachruf zu würdigen. Nur der Pfarrer und Chro-
nist seiner Heimatgemeinde nahm Notiz von seinem Ende. Die Be-
merkung, die er auf der Taufurkunde des Verstorbenen eintrug, macht
den ideologischen Riss deutlich, der durch die Bevölkerung ging. Sie
zeigt, dass auch die Kirche in den Jahren des Nationalsozialismus kein
politikfreier Raum mehr war. Der Pfarrer schrieb: „Am 30. Dezember
1925 in München aus der katholischen Kirche ausgetreten. Starb im
So(mmer)/Ja(ahr) 1935 in München auf der Strasse an Schlagfluß und
wurde verbrannt. Ein trauriges Sterben! Kommunistischer Agitator."[215]
Dies bedarf keines weiteren Kommentars.

Georg Anton Kandlbinder als Soldat.
Er starb 1946 in französischer
Kriegsgefangenschaft.

Maria Kandlbinder folgte ihrem Mann dreieinhalb Jahre später, im März 1939, in den Tod. Sie musste nicht mehr erleben, dass ihr älterer Sohn Georg Anton als Soldat eingezogen wurde und schon wie im Ersten Weltkrieg nun auch im zweiten, in Gefangenschaft geriet. Dieses Mal sollte Georg Anton nicht mehr zurückkehren. Er starb am 23. Januar 1946 in einem französischen Kriegsgefangenenlager in Nordfrankreich.

Der zweite Sohn Richard, der als junger Mann miterlebte, wie sein Vater und sein Bruder durch ihre parteipolitische Bindung ins soziale Abseits gerieten, wie sie ihr Engagement mit dem Verlust ihrer beruflichen Stellung und ihrer Ehrenämter büßten, trat keiner politischen Partei bei. Er suchte sich eine andere geistige Heimat. Als er 1949 auf einen Kreis von Männern traf, die im Gegensatz zu seinem Bruder aus Krieg und

Geburts-Register.

*Die Geburtsurkunde Georg Kandlbinders mit einem Kommentar des
Tiefenbacher Pfarrers zu seinem Tod im Jahr 1935: „Am 30. Dezember 1925 in
München aus der katholischen Kirche ausgetreten. Starb im So(mmer)/Ja(hr)
1935 in München auf der Strasse an Schlagfluß und wurde verbrannt. Ein
trauriges Sterben! Kommunistischer Agitator."*

Gefangenschaft zurückgekehrt waren, gründete er mit ihnen eine Frei-
maurerloge, die sich „Mozarts Licht" nennen sollte. Sie ersetzte ihm die
familiären Wurzeln, die er früh verloren hatte.[216]

Der Staatsstreich im Jahr 1933, von der NSDAP als „nationalsozialistische Revolution" bezeichnet, wurde von Hitler am 6. Juli des gleichen
Jahres als für durchgeführt und beendet erklärt.[217] Nach der Auflösung
ihrer Partei am 22. Juni 1933 begannen sich die noch aktiven Sozialdemokraten auf die Untergrundarbeit einzustellen.
Eine Untergrundzeitung der SPD von 1934 resümiert: „Den einst so
stolzen Organisationsapparat hat der brutale Hitlerterror zerschlagen.
Millionen leben noch … Ein Teil von ihnen, und nicht die schlech-
testen, wurden von SA Bestien ermordet. Tausende erleiden in den

Der Bruder Georg Kandlbinders, Joseph – hier abgebildet mit seiner Frau Maria – blieb als Hoferbe Zeit seines Lebens im Heimatdorf Leithen. Er starb 1947 versehen mit den heiligen Sterbesakramenten im Kreis seiner großen Familie.

Gefängnissen und Konzentrationslagern fürchterliche Qualen, Zehn- und Hunderttausende wurden brutal aus Arbeit und Brot gejagt und in ihren wirtschaftlichen Existenzen aufs schwerste getroffen. Trotzdem sie leben noch und viele von ihnen arbeiten und kämpfen weiter … "[218] Nach 1945 konnten die Ziele, für die sich Georg Kandlbinder lebenslang eingesetzt hatte, wieder legal umgesetzt werden. Unter denen, die neben vielen jüngeren Leuten Wiederaufbauarbeit leisteten, waren auch noch einige von Kandlbinders Weggefährten. So arbeiteten Thomas Wimmer für die SPD und Gustav Schiefer für die Gewerkschaft erfolgreich weiter. Georg Kandlbinders Lebenswerk war so gesehen ein kleiner, aber nützlicher Baustein in der langen Geschichte der Arbeiterbewegung.

Anhang

Originaltext verfasst von Georg Kandlbinder

Georg Kandlbinder schrieb 1920 und 1926
seine Lebenserinnerungen auf. Sie sind auf 14
maschinengeschriebenen Seiten überliefert.
Davon sind mehrere Kopien vorhanden, die sich
– bisher unbeachtet – in den Familienunterlagen der
Nachkommen Georg Kandlbinders befinden. Hier sind
sie erstmals veröffentlicht.

Mein L e b e n s l a u f *geschrieben im Juli 1920*
- -
ergänzt im Oktober 1926.
- - - - - - - - - - - -

Geboren am 2.April 1871 zu Leithen, Gemeinde Tiefenbach bei
Passau. Meine Eltern hatten ein kleines Bauernanwesen, uns waren
7 Kinder, (4 Buben u. 3 Mädchen). Der Getreidebau war ein sehr
schlechter, uns ging es nicht am besten. Ich besuchte 7 Jahre die
Volksschule und 3 Jahre die Sonntagsschule. Der Schulbesuch war ein
äußerst mangelhafter, Pfarrer und Lehrer brauchten mich als Mini-
strant zu allen erdenklichen Arbeiten, zum größten Teil wurde ich
in der Kirche und Pfarrhof verwendet. Aber trotz alledem konnte ich
im Mai 1884 mit einem Schulzeugnis Note I in allen Fächern aus der
Volksschule entlassen werden. In den 3 Jahren Sonntagsschule war
es möglich durch einen sehr tüchtigen jungen Lehrer, manches Ver-
säumte mit Erfolg nachzuholen.

Im Alter von 13 Jahren mußte ich mein Elternhaus verlassen, um
mir selber mein Brot zu verdienen. Ich habe das gerne getan, weil
es zuhause immer sehr knapp heruntergegangen ist. Ich kam auf ein
Bauergut, um dort die Landwirtschaft zu erlernen, für einen Jahreslohn von M 25.-- und etwas Arbeitskleider. Bis zum Herbst 1888 war
ich auf verschiedenen Bauerngüter beschäftigt und konnte zuletzt
als 17 jähriger Junge schon einen Jahreslohn von 65 M verdienen.
Die Arbeitszeit war allerdings eine unbegrenzte, 16 Stunden und
mehr pro Tag, waren die Regel gewesen. Mußte dann wegen schwerer
Krankheit 16 Wochen im Krankenhaus liegen, Typhus Epidemie in der
Passauer Gegend. Wieder gesund bin ich zur Eisenbahn gekommen als
Meßgehilfe zum Bahnbau Passau Freyung, wo ich 1 Jahr beschäftigt
war. 1889 kam ich in die Brauerei Straßkirchen um dort das Brauer-
handwerk zu erlernen. In diesem Betrieb waren uns ca. 30 Leute
beschäftigt, die Arbeitszeit dauerte Tag und Nacht, bis wir halt
fertig waren. Von einer Organisation war damals in den bayer.Brau-
ereien noch nichts vorhanden. Ich konnte in diesem Betrieb meine
Lehrzeit nicht beenden, wegen Differenzen über diese lange Arbeits-

./.

169

zeit, kam zu guterletzt auch noch mit der Polizei in Konflikt, wurde
in Passau 8 Tage eingesperrt und mußte dann Straßkirchen verlassen.
Zum Militär brauchte ich nicht einrücken und so konnte ich dann in
der Brauerei Hals bei Passau meine Lehrzeit mit Erfolg zu Ende führen.
Nach meiner Lehrzeit schaffte ich in verschiedenen Betrieben, die
Verhältnisse waren in den dortigen Brauereien tief traurige. Die
Arbeitszeit ist eine unmenschlich lange gewesen, der Lohn ohne Kost
hat im Monat 45 M, mit Freibier, betragen. In Österreich wurden 30 Gulden bezahlt, auch dort war von einer Sonntagsruhe und geregelten
Arbeitszeit nichts zu finden. Beim Sommeraussetzen schaffte ich in
der Regel als Hafenarbeiter oder in der Landwirtschaft. Im Frühjahr
1896 kam ich nach München und versuchte in einer Münchener Brauerei
Arbeit zu bekommen als Brauer. Als ich sämtliche Brauereien in
München und Umgebung wiederholt ohne Erfolg abgeklopft hatte und
nicht eingestellt wurde, machte ich einen Bauarbeiter, aber nur
wenige Wochen. Ich ging wieder von München weg nach Österreich, in
die Schweiz und Württenberg, konnte aber überall nur vorübergehend
zur Aushilfe Arbeit finden. Das war zur damaligen Zeit eine ständige
Einrichtung in den Brauereien, daß Brauer nur als Aushelfer eingestellt wurden. Im Herbst 1896 bin ich vollständig mittellos wieder
nach München gekommen, wurde aber zum größten Glück schon nach
wenigen Tagen, in der damaligen, noch ganz kleinen Thomasbrauerei,
als Brauer eingestellt. Die wenigen Kollegen, die in diesem Betrieb
vorhanden gewesen sind, waren schon organisiert, mit Ausnahme der
Hilfsarbeiter, Schlosser und Bierfahrer. Die Arbeitszeit betrug
10 Stunden pro Tag, an den Sonntagen wurde von früh 4 Uhr bis mittags
12 Uhr gearbeitet, wenn es notwendig war, mußte auch nachmittags
gearbeitet werden. Jeden dritten Sonntag im Monat hat es 36 Stunden
frei gegeben. Bei den Brauern war der Wochenlohn bereits eingeführt und hat bei 66 bis 70 Stunden Arbeitszeit 21 M betragen, außerdem wurden pro Tag 7 Liter Freibier gegeben. Diese zur damaligen Zeit
schon angenehmeren Verhältnisse in den Münchener Brauereien, waren
schon ein Erfolg der vorhandenen noch ganz schwachen Organisation

./.

der Brauer. Ich bin selbstverständlich dem Verband sofort als Mitglied beigetreten und mich dabei aktiv betätigt. Die Thomasbrauerei
wurde immer größer durch Einführung von hellen Bier, so daß ich nicht
mehr ausgestellt wurde.

Im Winter 1897 hatte ich dann geheiratet, 1 Kind war bereits
vorhanden, eines kam später, so daß ich auf ständige Arbeit angewiesen war. In diesem Betrieb war ich über 25 Jahre beschäftigt und
gar manches miterlebt, sind aber auch durch unsere fleißige und
intensive Organisationsarbeit für die Gewerkschaft und Partei, rasch
vorwärts gekommen. Im Februar 1904 passierte mir ein schwerer Unfall,
Sturz von einem großen Lagerfaß (Schulterbruch),wo ich 11 Monate
nicht arbeiten konnte. Diese lange Zeit benutzte ich zum Lernen und
zur Bildung für meine Person, was ich notwendig brauchen konnte.
Von meiner Organisation und der Sozialdemokratischen Partei wurden
mir alle erdenklichen Ehrenämter übertragen und wurde auch auf die
Verbands- und Parteitage geschickt. Zehn Jahre war ich Sektionsführer
der Partei, wo ich mit Erfolg für dieselbe wirken konnte, besonders
bei den Wahlen. Ich war auch Delegierter der denkwürdigen Reichskonferenz in Berlin 1916im Reichstagsgebäude, wo die Einheit der
Partei in Trümmer gegangen ist, der Streit zwischen U.S.P. und
M.S.P.. Weiter war ich noch lange Jahre Armenpfleger und Armenrat,
Geschworener auf dem obb. Schwurgericht wiederholt Schöffe am Amtsgericht, Beisitzer im Versicherungsamt, im Steuerausschuß, Vorstand
und Ausschußmitglied der Ortskrankenkasse München-Stadt und hatte
noch verschiedene Ehrenämter während des Krieges. Dem Konsumverein-
Sendling - München bin ich als Mitglied 1903 beigetreten, Verkaufsstelle war in meinem Bezirk Stadtbezirk, Schlachthausviertel, noch
nicht vorhanden, die Waren mußten im Lager 1, an der Lindwurmstr.
in Sendling geholt werden. Die Errichtung des Lagers 10 an der Kapu-
zinerstr. war für uns eine große Wohltat. Bei Einführung des
Genossenschaftsrates 1911 wurde ich für das Lager 10 gewählt und
während des Krieges mußte auch der zuhause gebliebene Genossenschaftsrat infolge der Warenknappheit von den Mitgliedern allerhand in Kauf
nehmen.   .J.

Mitglied des Genossenschaftsrates war ich ununterbrochen bis zum
11.Oktober 1921, wo ich in der Generalversammlung im Löwenbräukeller,
mit 740 Stimmen in den Aufsichtsrat der Genossenschaft gewählt wurde.
Delegierter war ich auf dem Genossenschaftstag in Eisenach 1923
und 1925 in Stettin; auf dem bayer.Verbandstag in Ansbach 1923 und
in Reichenhall 1925.

Nach dem Zusammenbruch November 1918 wurde ich von meinem
Arbeitgeber, dem Besitzer der Thomasbrauerei, auf Veranlassung meiner
Organisation auf unbestimmte Zeit beurlaubt. Ich wurde anfangs auf
dem Verbandsbüro beschäftigt, durch meine Kollegen in den Münchener
Arbeiterrat geschickt, wo ich die Ehre hatte in diese, großen Parlament ins Präsidium gewählt zu werden, um als Vorsitzender dort uu
antieren. Durch den Münchener Arbeiterrat wurde ich in den Vollzugsrat der Arbeiterräte Bayerns gewählt und dann ging das Regieren los.
Der Vollzugsrat war damals die höchste gesetzliche Innsta Instanz
und hat als Nebenregierung des Ministeriums Eisner und Auer gegolten.
Am liebsten würde ich über diese verrückte Zeit gar nicht schreiben,
aber weil meine Person besonders in Mitleidenschaft gezogen wurde,kann
ich es nicht ganz umgehen. Die Mitglieder des Vollzugsrates gehörten
auch dem provisorischen Nationalrat an, getagt wurde in Permanenz
und was da alles beschlossen wurde bis zum 21.Februar 1919, wo der
neugewählte Landtag zusammengetreten, E i s n e r ermordet und
Gen. A u e r im Landtag niedergeschossen wurde, kann hier unmöglich
niedergeschrieben werden. Im Januar 1919 wurde ich beauftragt mit einer
Gruppe Herren vom Kriegswucheramt, versehen mit den nötigen Ausweispapieren durch den Minister der Innern, Gen. Auer, nach der tschechischen und österreichischen Grenze zu fahren, um dort den Schmuggel
und Schleichhandel zu bekämpfen. Dieses Geschäft war zur damaligen
Zeit kein besonderes und es gab bei grimmiger Kälte gar manche
Episode Schießerei und noch mehr, so daß wir wieder froh waren, in
München zu sein. Ich wurde auch durch den Rätekongreß beauftragt,
im Baugewerbe infolge der vielen Arbeitslosen,die 44 Stundenwoche

einzuführen. Sollte die Genehmigung durch die Arbeitgeber nicht
erfolgen, werden die Besitzer der 16 größten Baufirmen mit ihrer
Syndizi in Schutzhaft genommen. Als ich den Arbeitgebern im Baugewerbe bei den Verhandlungen, im großen Saale des Wittelsbacher Palais,
diese Mitteilung machte, genehmigten sie unter Protest die Arbeitszeit von 44 Stunden pro Woche. Dies haben die Herren Arbeitgeber
heute noch nicht vergessen und es wird mir bei Gelegenheit immer
wieder Vorhalt darüber gemacht.

Nach dem Mord E i s n e r durch den Grafen A r c o (21.II.19)
wurde sofort die Stimmung laut, der A u e r und R o ß h a u ß t e r
sind schuld, auch diese müssen beseitigt werden. Niekisch brachte
mir die Mitteilung, daß die Landtagswache beschlossen habe, unsere
2.Gen. umzulegen. Ich wollte dieses verhindern, verständigte unsere
Genossen als Abgeordneter im Fraktionszimmer der Partei, machte sie
auf das mir mitgeteilte aufmerksam mit dem Ersuchen, Gen. A u e r
das zu sagen, (der hat sich im Präsidentenzimmer befunden, wo ich
nicht hin konnte), den Landtag nicht mehr zusammentreten zu lassen.
In der großen Aufregung und Verwirrung ist das leider nicht geschehen,
Gen.Auer hätte sich schließlich auch nicht abhalten lassen. Der Landtag mit seinen Abgeordneten ist zusammengetreten und das Unglück war
fertig. Abg. O s e l war sofort tot, Gen. A u e r und Major
J a r e i s verwundet, Jareis ist nachts am gleichen Tage gestorben.
Alles das mit anzusehen ohne dabei helfen zu können, war für mich
der schrecklichste Tag in meinem Leben. Den Militärminister Roßhaupter
hatten wir zur Sicherung im Büro des Bauernrates untergebracht, später
wurde derselbe unbemerkt aus dem Landtagsgebäude entführt. Der
Landtag war auseinander gejagt, der Generalstreik wurde beschlossen
und auch durchgeführt. Am nächsten Tage, den 22.Febr. wurde der so-
genannte Zentralrat aus 7 Mann gebildet, der die Regierungsgeschäfte
leiten sollte, Niekisch wurde zum Vorsitzenden bestimmt. Am 23.Febr.
hat sich ein Aktionsausschuß aus 33 Mann zusammengesetzt, wo auch
Genossen von uns dabei waren, allerdings nicht alzu lange, diese hatten

.⁄.

sich wieder gedrückt. Auch ich wollte dasselbe machen,um von dieser
Gesellschaft los zu werden, um meine Arbeit in der Brauerei wieder
aufnehmen zu können. Ich durfte das aber nicht tun, es wurde mir
von meinen Gen. gesagt, einer von uns muß bleiben, um die Fühlung
mit dieser Gesellschaft nicht ganz zu verlieren und dazu scheint
mir jetzt (damals hatte ich es nicht gekannt) bin gerade ich dumm
genug gewesen. Der Rätekongreß ist zusammengetreten, eine Regierung
war nicht vorhanden, so daß wir die ganze Macht hatten, aber nichts
anfangen konnten, lauter fremde Gesichter (heute würde ich es
anders machen) die neugebildte Regierung Hoffmann hatte nichts zu
reden, befohlen hat der Zentralrat. Diese tolle Zeit ging weiter
und dann kam der 4.April mit seiner Nahtsitzung im Kriegsmini-
sterium, wo mit Spartakus verhandelt wurde,betr. der Räteregierung
für Bayern. Ich war in dieser Sitzung auch anwesend und kann heute
noch nicht verstehen, die traurige Rolle die dort zum Teil unsere
führenden Genossen, darunter Kriegsminister Schneppenhorst,gespielt
hatten. Mit ihrem ganzen Herzblut sind sie für den Unsinn der
Räteregierung eingetreten, zum Erstaunen der Kommunisten, die eigentlich mit uns nichts zu tun haben wollten, weil sie angeblich immer
hereingefallen sind. Besonders scharf hat sich Levinen Nissen gegen
uns Sozialdemokraten ausgesprochen, nur M ü h s a m und Dr.L a n -
d a u e r und ein Teil der Bauernbündler (besonders Kübler) wollten unter allen Umständen schon am Samstag,denn 5.April, die
Räterepublik in München ausrufen. S c h n e p p e n h o r s t meinte, daß er sich schwer tun werde mit seinen Soldaten in Nordbayern,
weil er dieselben erst für die Regierung Hoffmann gefestigt hat und
jetzt soll er sie für die Räterepublik gewinnen, aber er wird sein
ganzes Können einsetzen. Beschlossen wurde, 3 Kommisionen einzusetzen die nach Nordbayern zu fahren hatten, um dort Aufklärung zu
schaffen und sich zu orientieren wie die Stimmung sei für eine
Räteregierung. Ich wurde bestimmt mit S a u b e r und H a g e -
m e i s t e r nach Würzburg und Aschaffenburg, Josef Simon ,
Scheppenhorst und Mühsam nach Nürnberg, Brunner Mich. und Karl

./.

Kröpelin nach Bayreuth. Ich hatte meine Bedenken geäußert mitzufahren,
wurde aber besonders durch Schiefer und Schmidt Albert auf die Disziplin aufmerksam gemacht, um nicht wieder die U.S.P. alleinig zu lassen,
sie selber wollen auf dem Gautag der ÷ M.S.P. für die Räteregierung
wirken. Am Samstag, den 5.April sind wir nach Würzburg gefahren,hatten
abends eine große Versammlung im Hütterischen Garten,die ohne Störung
verlaufen ist. Am Sonntag,den 6.April nachmittags in Aschaffenburg
auf der Großmutterwiese eine Massenversammlung, das Bürgertum hat sich
zur Opposition gestellt, beschlossen wurde nichts. Am Montag,den 7.Apr.
kam die Nachricht aus München, daß die Räterepublik ausgerufen und
Nationalfeiertag sei. Die Bürgerlichen machten wieder eine Demonstration auf die Großmutterwiese, auch die Arbeiter folgten, gesprochen
konnte nichts werden, die Redner wurden von beiden Seiten niedergeschrieen. Die Bürgerlichen zogen siegend durch die Stadt,Deutschland
über alles und die Arbeiter und Soldaten zur Jägerkaserne und Aschaffenburg erwachte am Dienstag,den 8.April im Zeichen der Räterepublik.
Aber diese Herrlichkeit dauerte nicht allzu lange. Durch die Frankfurter Zeitung konnte man die Namen der Volksbeauftragten für die
Räterepublik Bayerns erfahren, kein Gen. von der M.S.P. war dabei.
Ich fuhr sofort nach München, Sauber und Hagemeister wurden denn nächsten Tag, 9.April in Würzburg verhaftet und die Räterepublik in Nordbayern war erledigt. In München angekommen begegnete mir Arbeitersekretär T h o m a ß am Bahnhof und teilte mir mit, er sei aus der
Partei ausgetreten, Auers Politik sei an allem schuld. Am 10.April
ging ich wieder zu meiner Arbeit in den Vollzugsrat der Arbeiterräte
ins Wittelsbacher Palais. Der vergrößerte Zentralrat hat wieder in
Permanenz getagt im Auftrage der Räteregierung und waren auch einige
Genossen von uns dabei, aber nur solche zweiter Garnitur, sonst waren
es lauter fremde Gesichter ein heilloses Durcheinander. Unsere Partei
hat eine Urabstimmung in München vornehmen lassen,ob Landtag oder
Räteregierung. Unter schwacher Wahlbeteiligung wurden,mit geringer Mehrheit 3507 Stimmen für den Landtag und 3479 für die Räteregierung abge-
geben. Mit dieser Abstimmung wären die Richtlienien gegeben gewesen

./.

- 8 -

sofort unsere Genossen aus dieser Körperschaft zurückzuziehen. Unsere
Parteileitung hat vollständig versagt. Seit Auer niedergeschossen,
war eine solche nicht mehr vorhanden und das ist mein Verhängnis
geworden. Die Arbeiterräte waren noch gesetzlich, folge dessen blieb
ich im Vollzugsrat tätig bis 12.April, wo ich nachts 2 Uhr etwas
schlummerte auf dem Divan der Königin Mutter im Wittelsbacher Palais,
durch eine Anzahl betrunkener Soladaten, angeblich im Auftrage der
Regierung Hoffmann verhaftetwurde. Das war der Putsch Gutmann und
Walter Löwenfeld mit der Bahnhofwache, die den Zentralrat verhaften
wollten, aber zu spät gekommen sind, derselbe war bereits ausgezogen.
Ob dieser Putsch wirklich im Auftrage der Regierung Hoffmann geschehen
ist, die mit ihrem Parlament in Bamberg gesessen ist, konnte nicht
festgestellt werden. Das eine ist sicher, wäre diese Dummheit nicht
gemacht worden, hätte es am Palmsonntag den 13.April die Schießerei
am Bahnhof nicht gegeben und schließlich wären dann die blutigen
Maitage in München auch nicht notwendig gewesen. Die Räteregierung
war durch die Absperrung München vom übrigen Bayern bereits erledigt
und die Macher derselben waren bereit, mit der Regierung Hoffmann
zu verhandeln. Meine Verhaftung hatte ich nicht ernst genommen, ich
kannte den Charakter der damaligen Soldaten. Ich und Gen.Soldmann,
unser Povtier Pallawehi und Apotheker Senftleben aus Tegernsee,wurden
per Wagen zur Bahnhofwache gebracht und bis Sonntag mittags dort
festgehalten. Um 4 Uhr morgens wurde ich beim Austreten durch die
Wache ertappt, als ich mit einem Genossen gesprochen habe,der zum
Hamstern gefahren ist. Als Strafe und wegen Fluchtgefahr wurde ich
längere Zeit mit beiden Händen über den Kopf an die Wand gestellt,
durch Protest wieder freigelassen und mit den anderen Gen. im
Königsbau am Bahnhof untergebracht. Während dieser Zeit hat man
weiter verhaftet und ganze 13 Mann zusammengebracht, darunter Dr.
Wadler und Lipp, Erich Mühsam, Braig als Erwerbslosenführer u.s.w..
Ohne meine Familie verständigen zu können, obwohl ich wiederholt
darum nachgesucht hatte, aber immer strikt abgelehnt wurde, ging es
um 2 Uhr nachmittags mit Extrazug und 20 Mann Soldaten,einem Arzt und
1 Regierungsvertreter (Walter Löwenfeld) nach dem Zellengefängnis ./.

176

in Eichstätt. Der Empfang in Eichstätt war kein besonderer. Alles
war auf den Beinen mit dem Rufe: Schlagt sie tot diese Saujuden!
Unsere Soldaten hatten den Schutz für uns in einwandfreier Weise
übernommen, das muß zu ihrer Ehre gesagt werden. Die Behandlung
und Verpflegung im Gefängnis war gut, dauerte aber nur 2 Tage, dann
ging es wieder per Extrazug nach dem Zuchthaus nach E b e r a c h
unter Bewachung von 1 Offizier und 15 Mann Soldaten. Dieser Transport dauerte von früh 3 Uhr bis abends 6 Uhr unter allerhand Hinder-
nissen. In Ebrach angekommen wurden wir unter Protest zwangsweise
durch die Soldaten in Einzelhaft gesetzt. Die Soldaten entschuldig-
ten sich, sie müßten im Auftrage der Regierung handeln, in der
meine Parteigenossen gesessen sind, und dann ging erst der richtige
Leidensweg los. Das Zuchthaus war leer, alle Verbrecher mußte man,
mit wenigen Ausnahmen, nach dem Zusammenbruch laufen lassen, dann
sind wir gekommen sagte der Verwalter, was soll ich mit euch anfangen?paßt gar nicht herein zu uns. Es hat aber nur einige Tage
gedauert, dann war alles voll, lauter Hochverräter kamen aus allen
Gauen Bayerns, darunter war ich der einzige Mehrheitssozialist. Erst
später brachte man noch einen Gen. den praktischen Arzt Dr. Kerscher
aus Nietenau. Es war Mitte April, naßkalte Witterung, Regen uns Schnee,
das Zuchthaus war ohne Kohlen und Lebensmittel- Dorschen und Kartoffel war unser Hauptnahrung und diese waren zuwenig. Jeden Tag
wurden wir nach Vorschrift eine Stunde im Hof spazieren geführt
mit drei Schritt Abstand, das Militär die sogenannten"Regierungs-
truppen standen im Anschlag bereit, auf den Mauerturm waren die
Maschinengewehre mit der nötigen Bedienungsmannschaft aufgestellt.
soeuzbe So gefährlich erschienen wir damals, als vollständig wehrlose Menschen. Erst durch den Hungerstreik mußte die Vernehmung
durch den Staatsanwalt erzwungen werden, um zu erfahren, warum wir
eigentlich im Zuchthaus in Einzelhaft sitzen. Unser Verbrechen war
vollendeter Hochverrat. Ich hatte am 17. April gegen meine Verhaftung
Beschwerde eingelegt beim Untersuchungsrichter in Nürnberg Würzburg,
wurde aber am 24. April dieselbe wegen Fluchtgefahr zurückgewiesen.

./.

*Der Leidensweg ging weiter, Essen zu wenig, kaufen konnte ich mir
gar nichts weil mir die Marken fehlten auf Lebensmittel, dann kam
der erste Mai. Vertraulich wurde mir von meinem Aufseher mitgeteilt, daß
die Spartakisten aus Schweinfurt am 1.Mai Ebrach stürmen wollen um
uns zu befreien und meinte dabei, wenn die Weißgardisten stand halten,
wird es nicht gelingen, weil Ebrach mit einer Militärkette mit vollständiger Kriegsausrüstung umzogen sei. Und wirklich hat man nachts
vor dem 1.Mai um Ebrach ein wahres Trommelfeuer aufgeführt vor lauter
Angst vor den Spartakisten, die gar nicht daran gedacht hatten, uns
zu befreien. Erich Mühsam wurde unruhig, schimpfte heillos in seiner
Zelle, die neben der meinigen gelegen ist, über diese Blutregierung
Hoffmann. Am 2.Mai erhielten wir Nachricht von der Befreiung Münchens
und den schrecklichen Vorgängen die damit verbunden waren. Am 3.Mai
bekam ich die erste Post, 16 Pfund Brotmarken von meiner Schwägerin
aus Abensberg. Große Freude, mein Aufseher besorgte mir gerne das
gewünschte Brot und mir war damit geholfen. Von meiner Familie hatte
ich immer noch keine Nachricht, war einfach eine trostlose Zeit.
Am 6.Mai sollte M ü h s a m und ich fotografiert werden, wir hatten
die Aufnahme verweigert, sind einfach nicht stillgestanden. Ich hatte
mich wiederholt an meine Organisation und Familie gewendet brieflich
gewendet, aber immer ohne Erfolg, die Briefe wurden zurückgehalten.
Ich habe bis zum 14.Mai keine Nachricht erhalten. An diesem Tag erhielt
ich mit großer Freude das erste Paket mit Esswaren und einen Brief
von meinem Sohn Georg. Mein Sohn der kurz vor meiner Verhaftung aus
englischer Gefangenschaft zurückgekehrt ist, hat mir über das Verhalten meiner Genossen Dinge mitgeteilt, die auf mich einen erschütternden Eindruck machten. Nach 2monatlicher Untersuchungshaft wurde ich
telegrafisch durch den Münchener Staatsanwalt, in E b r a c h entlassen und mit mir noch Dr. Freund aus Nürnberg. Der Gefängniswärter-
verwalter ersuchte uns bei der Entlassung, wenn wir nochmals zum
Regieren kommen, das Gefängnispersonal nicht zu vergessen, dieses
leidet stark unter der schlechten Bezahlung und langen Arbeitszeit.
Die Bahnfahrt von Ebrach nach München mußte ich zweimal unterbrechen
und zwar in Bamberg und Nürnberg.* ./.

In Bamberg wo die Regierung Hoffmann gesessen ist und ich mit Ausweis
vom Verkehrsminister Frauendorfer mich frei bewegen konnte, wollte
ich meine Genossen aufsuchen um mich vorzustellen. Mußte aber zu
meinem Leidwesen erfahren, daß das Parlament vom Freistaat Bayern
hinter einem hohen Drahtverhau tagen müsse und solche, die soeben aus
dem Zuchthaus kommen, keinen Zutritt haben. Bei dieser Gelegenheit
begegnete ich dem ehem. Militärminister Gen. Roßhaupter und zu meinem
Erstaunen kannte mich dieser gar nicht mehr, zum Dank dafür, daß ich
ihm in der bedrängten Lage am 21.Febr.1919 durch Verbringung in den
Bauernrat im Bayer. Landtag das Leben gerettet habe. Den Dr. Freund
hat man überhaupt nicht in die Stadt hereingelassen, der mußte am
Bahnhof bleiben bis der Zug nach Nürnberg weiterging. In Nürnberg
ist es mir schon besser gegangen, da konnte ich mich zum erstenmal
nach 2 Monaten wieder satt essen, ohne Fleischmarken, im Metallarbeiter-
heim. In München angekommen, mußte ich durch meine Frau erfahren, daß
ich nur durch Setzen einer Kaution von _1000 M_ mit Hilfe des Arbeitersekretär Karl S c h m i d, freigelassen wurde.

Ich suchte dann bei meinem früheren Arbeitgeber wieder um Arbeit
nach, wo ich aber abgewiesen wurde. Herr Kommerzienrat Eugen Thomas
meinte, ein solcher Fall sei seit Bestehen der Brauerei noch nicht
vorgekommen, er müsse erst mit seinem Bruder Karl und dem Betriebsrat sprechen, im übrigen meinte er wird es das Beste sein, erst meine
Verhandlung abzuwarten. Es hat aber gar nicht lange gedauert und
Herr Thomas hat dieses Unrecht eingesehen, er ließ mich holen und
teilte mir mit, daß ich wieder in seinem Betrieb das Arbeiten anfangen
kann und auf meinen alten Posten komme, wo ich früher gewesen bin.
Bin dann mit Freude zu meiner Arbeit gegangen, obwohl manches zu
überwinden war.

Am 7.Juli hat auf dem Standgericht München - Au der Hochverrats-
prozeß Mühsam und Genossen begonnen. Meine Anklageschrift lautete
auf vollendeten Hochverrat, die Belastung gegen mich war förmlich
bei den Haaren herbeigezogen. Die Verteidigung für mich hat Rechtsanwalt Gen. N u ß b a u m übernommen, der mir von meinem Verband durch

./.

Kollegen J a c o b gestellt wurde. Die Verhandlung hat 1 Woche
gedauert, die Zeugenaussagen waren sehr interessant, besonders die
des Walter Löwenfeld, der über eine Stunde gesprochen hat und der
eigentlich Urheber unserer Verhaftung gewesen ist. Durch Zeugen
konnten wir erfahren ,daß ursprünglich der Plan bestand, uns auf
dem Transport nach Eichstätt zu ermorden, er Löwenfeld war es,der
dieses Unheil verhindert hat, nur wollte er uns auf die Burg nach
Eichstätt bringen, um einen ehrenhaften Aufenthalt uns zu sichern.
In der Burg ist aber nichts frei gewesen und hätte er gewußt,daß
wir hernach ins Zuchthaus gesteckt würden, hätte er von unserer Verhaftung seine Hände weggelassen. Die Erregung war damals so groß,
daß während der Verhandlung Maschinengewehre im Gerichtssaal aufgestellt waren. Nur ein Belastungszeuge war gegen mich vorhanden,das
war Rechtspraktikant Brunbauer aus Würzburg und auch dieser konnte mich
nicht belasten, so daß schon am zweiten Verhandlungstag die ganze
Anklage gegen mich zusammengebrochen ist. Meine Verteidigung habe
ich selbst übernommen, so daß dem Gen. Nußbaum nicht mehr viel übrig
geblieben ist. Am Samstag,den 12.Juli nachm. 3 Uhr wurde das Urteil
bekannt gegeben. Erich Mühsam 15 Jahre Festung, Dr. Wadler 8 Jahre
Zuchthaus, Kandlbinder, Soldmann und Baison wurden freigesprochen,
die übrigen Angeklagten wurden dem Volksgericht überwiesen. Nach der
Verhandlung bekam ich von meinem Arbeitgeber,der schon immer soziales
Verständnis hatte, 3 Wochen Urlaub, um eine Woche mehr als tariflich
festgelegt war, um mich angeblich wieder erholen zu können,was ich
aber auch wirklich notwendig brauchte.

Meiner Pflicht und Tätigkeit in der Gewerkschaft und Partei bin
ich seit meiner Entlassung in Ebrach vollauf nachgekommen,als wenn
gar nichts geschehen wäre. Meine Kollegen hatten mich bei der Urabstimmung zum Verbandsbeirat mit überwältigter Stimmenmehrheit in den
Beirat gewählt,dem ich heute noch als Mitglied angehöre,durch wieder-
holte Wahl. Am 14.Oktober 1919 wurde ich im Gewerkschaftskartell als
Delegierter ins Kriegswucheramt gewählt und muße meine Tätigkeit dort
sofort aufnehmen. Ich hatte in der Thomasbrauerei wieder um Urlaub

./.

- 13 -

auf unbestimmte Zeit, nachgesucht, der mir auch genehmigt wurde.
Im Wucheramt war ich als Vertrauensmann der Münchener Gewerkschaften
angestellt, vom 15.Oktober 1919 bis zum 12.April 1920. Ich bin aus
diesem Amte freiwilligausgeschieden, weil mein Charakter dazu nicht
paßte. Auf meine Tätigkeit im Wucheramt, die oft unter Lebensgefahr
gestanden ist, will ich nicht eingehen, obwohl es sehr interessant
wäre. Es muß genügen wenn ich schreibe, das war die größte Lüge,
Betrug und Schwindel, die je die Welt gesehen hat. War es doch
keine Seltenheit, daß wir als Wuchenbeamte vom schwarzgeschlachteten
oder Schleichhandelfleisch mit unseren Fleischmarken im Gasthofe
essen mußten und hernach denselben Gastgeber das noch vorhandene
Fleisch in Beschlag gelegt, oder weggenommen haben. Nur die wirtschaftlich Schwächeren konnten geschnappt werden, an die Großschieber war niemals heranzukommen.

Ich schaffte dann wieder in der Thoomsbrauerei als Brauer
an gleicher Stelle wo ich weggegangen bin, im Apparatzimmer beim
Bierkühlapparat. Das war die schönste Zeit in meinem Leben. Nur mehr
7½ Stunden Arbeitszeit, auch sonst hatte ich nicht zu klagen. Dieser
Betrieb hatte die größte Geduld mit mir bewiesen, oft mußte ich
in der Woche zwei- bis dreimal von der Arbeit wegbleiben betr.meiner
Tätigkeit am Schlichtungsausschuß und der Einigungsämter. Dies wurde
mir immer wieder in anerkennenswerter Weise genehmigt, ohne einen
Pfennig Lohnabzug.

Am 9.März 1922 ist unser Kollege Jacob infolge seines Kehlkopf-
leidens zusammengebrochen und ich wurde durch meine Kollegen am
10.März ins Verbandsbüro berufen. Ich mußte in der Thomasbrauerei
wieder um Urlaub auf unbestimmte Zeit nachsuchen, der mir wiederum
bereitwilligst genehmigt wurde. Unser lieber Kollege Jacob konnte
sich leider nicht mehr erholen und mußte durch diese heimtückische
Krankheit am 8.Juni 1922 sein Leben lassen. Ich mußte im Verbandsbüro bleiben und wurde durch Vertrag fest angestellt. Das war für
mich ein gewagtes Experiment, zu einer Zeit, wo die Wogen in der
Arbeiterbewegung eine Höhe erreicht hatten, die überhaupt nicht mehr

./.

zu überblicken waren und was eigentlich noch werden sollte. Ich bin
mit schwerem Herzen endgültig aus der Thomasbrauerei ausgeschieden, wurde
durch den Besitzer der Brauerei, Herrn Kommerzienrat Eugen Thomas nochmals gewarnt, mir die Sache reiflich zu überlegen und mich auf die
vorhandenen Strömungen in der Arbeiterbewegung aufmerksam gemacht,
aber es war bereits geschehen. Durch Ausschreibung in der Verbandszei-
tung ist für diese Stelle in München keine einzige Bewerbung beim
Verbandsvorstand eingelaufen und folge dessen war es meine Pflicht, für
den Verband dieses Opfer zu bringen. Die Inflationszeit mit den vielen
Lohnbewegungen und Versammlungen wurde überwunden, Arbeit über Arbeit
war immer reichlich vorhanden. Ostern 1923, der erste allgemeine
Brauereiarbeiterstreik in Bayern wurde siegreich bestanden, der letzte
Mann mußte wied-er eingestellt werden. Um so schmerzlicher war die große
Niederlage in München bei der Brauereiarbeiter-Aussperrung im März 1925
mit den vielen Opfern von braven Kollegen, die für den Achtstundentag
3 Wochen lang gekämpft hatten und durch den Machtdünkel der Münchener
Brauereien, mit der Hilfe der Polizei und Behörden und amtlichen Stellen unschuldig auf der Strecke geblieben sind. Auch diese Narbe ist
wieder im Verheilen und es geht mit der Organisation wied r vorwärts.

Das sind in Kürze meine Erinnerungen bis Oktober 1926.

Das Dreigestirn: Gewerkschaft, Partei und Genossenschaft.

Gewerkschaftlich organisiert 31 Jahre
Politisch   "   25 Jahre und
Genossenschaftlich   "   24 Jahre.

Oktober 1926.
- - - - - - -

J. Kandlbinder

Anmerkungen

1 Bis anders angemerkt, aus Georg Kandlbinders Erinnerungen (s. S. 169 bis 182 in diesem Buch), Stammbaum, Familienüberlieferung und Matrikelamt Bistum Passau. Häusergeschichte der Gemeinde Tiefenbach, 61 Leithen 1.

2 Götz, Die Prinzregentenzeit, 395.

3 Erinnerungen, 169.

4 Erinnerungen, 170.

5 Fischer, Festschrift, 1955, 57 f.

6 Sein Juweliergeschäft am Marienplatz firmiert unter dem Familiennamen Thomass, während sich die Brauerei nach dem hl. Thomas (ohne doppeltes „s“) nannte.

7 Schäder, 54, 133.

8 München und seine Bauten, München 1912, 272 f.

9 1894 trat der Münchner Verband dem der deutschen Brauereiarbeiter bei. J.B. Zentralverband deutscher Brauereiarbeiter, Zweigverein München 1906, 4.

10 Erinnerungen, 170.

11 Schäder, 156.

12 Pohl, 570.

13 StadtAM: PMB G 27.

14 Pohl, 145, 165, 170.

15 Schäder, 160.

16 Erinnerungen, 171.

17 Pohl, 152 ff., 368 ff.

18 StadtAM: PMB.

19 1905: von 539.000 Einwohnern waren nur 31.252 wahlberechtigt. 1911 wählten etwa 5 Prozent der Wahlberechtigten sozialdemokratisch. Pohl, 478 ff.

20 Pohl, 477 f.

21 Lotterschmid/Mehringer, 138 ff.

22 Münchener Jahrbuch, Jge. 1900 ff.

23 Verwaltungsbericht OKK 1907 ff.

24 nach Lotterschmid/Mehringer, 139.

25 Erinnerungen, 171.

26 Pohl, 576.

27 Pohl, 226 f.

28 1. Jahresbericht des Arbeitersekretariats, 50.

29 Pohl, 336.

30 Pohl, 264 ff., 286.

31 J.B. des Arbeitersekretariats 1905 ff. Schäder, 146 f. Wehner, „Unser Verband“, 34.

32 Pohl, 295, 301 f.

33 Erinnerungen, 181.

34 Muenchner Jahrbuch 1914, 461.

35 Pohl, 334 ff.

36 Der Einfluss der SPD war nach 1914 nicht am Ende. Dies gegen Pohl. Vgl. Verwaltungsberichte AOK, 1903 ff. Ausschussmitglieder nicht immer namentlich genannt. 1921 bis 1933 ist Georg Kandlbinder aufgelistet.

37 G.B. des Versicherungsamtes der Landeshauptstadt München 1913 ff.

38 Albrecht in HBG 4/1, 347. Angermair in Bauer, 1992, 328 ff.

39 Albrecht in HBG 4/1, 360.

40 Freie Bahn, 1. Jg. Nr. 5, 87. Pohl 378 ff.

41 Münchner Post, 24.07.1907. Pohl, 200.

42 Linné, Geschichte der Brauereiarbeiterbewegung, 30.

43 StAM: Pol.Dir. 6879, 6883, 6884.

44 Rudloff 1, 1998, 132 ff. Muenchener Jahrbuch 1916 ff.

45 Rudloff in Bauer, 1992, 337.

46 Rudloff, 1998/1, 173 ff.

47 Pohl, 448 f. Rudloff, 1998/1, 177, 189 ff., 209 ff. Lotterschmid/Mehringer, 140. G.B. Konsumverein 1916 ff.

48 Rudloff, 1998/1, 181 ff.,213 ff.,283 ff.

49 Grau, Kurt Eisner, 320 ff.

50 Albrecht, 436 ff. in HBG IV/1.

51 Grau, Eisner 350 ff. Köglmeier 37 ff. Gut zus.gefasst: Görl, W. in SZ 47/25.02.2008, 56.

52 nach Hürten 444 in HBG IV/1.

53 MSP: Auer Inneres, Hoffmann Unterricht und Kultus, Timm Justiz, Rosshaupter Militär. USP: Eisner Auswärtiges, Jaffe Finanzen, Unterleitner Soziale Fürsorge. Parteilos: Heinrich von Frauendorfer Verkehr (PNR 1. Sitzung, 8.11.1918).

54 Köglmeier, 255.

55 Köglmeier, 24 ff., 434 ff.

56 Ohorn, In der Fremde 245. Köglmeier, 122.

57 Köglmeier, 101 ff. Grau, Eisner 422.

58 Erinnerungen, 172.

59 Grau, Eisner, 424 ff.

60 Köglmeier, 143.

61 Grau, Eisner, 423.

62 Grau, Eisner, 444, Köglmeier 142. Arbeit und Zukunft, Nachrichtenblatt für die Arbeiter- und Bauernräte des Volksstaats Bayern, Nr.1-12 (bis 4. April 1919).

63 Rudloff, 1998, 237 ff.

64 Erinnerungen, 172.

65 Mitchell, 191. Niekisch, Gewagtes Leben, 50.

66 Herz/Halfbrodt 34, 84 ff.

67 PNR 1. Sitzg. 8. Nov. 1918.

68 Kögelmeier, 450 ff.

69 Nawiaski, 10 ff.

70 Grau, Eisner, 431 ff.

71 Nawiaski, 13. Hürten in HBG IV/1, 455.

72 Hürten in HBG IV/1, 455 f.

73 Köglmeier, 147 ff.

74 Schmalzl, 18 f., 33 ff.

75 Georg Kandlbinder war bei der zweiten Tagung des Rätekongresses anwesend und erhielt dafür 144 Mark Sitzungsgeld. Schmalzl, 109.

76 Erinnerungen, 173.

77 Hürten in HBG IV/1, 457.

78 Winkler I, 2000, 388 ff, Zitat 390.

79 Beide Telegramme in BayHStA: ASR 3.

80 Vgl. auch Prozess Lindner-Auer in Dankerl, 92.

81 Erinnerungen, 173.

82 Vgl. Titelseite: Nachrichtenblatt des Zentralrats, Jg. 1, 22. Febr. 1919.

83 Mitchell, 243. Köglmeier, 467.

84 Schmalzl, 46. Arbeit und Zukunft 1 Jg., Nr. 6, 21. Febr. 1919, 47.

85 Erinnerungen, 174.

86 lt. Schmalzl 469 im Aktionsausschuss: 6 MSP, 13 USP, 10 BBB, 3 KPD. Ebd. 40, 47.

87 Nawiaski, 532 f.

88 Mitchell, 252. Köglmeier, 306 f. Hürten in HBG IV/1, 459 f.

89 Erinnerungen, 174.

90 Köglmeier, 310 ff. Mitchell, 256 f. Hürten in HBG 4/1, 460.

91 Mitchell, 263 ff. Köglmeier, 318 ff.

92 Seligmann 1, 127 ff. Mitchell, 267 ff.

93 Erinnerungen, 174 f.

94 Erinnerungen, 175.

95 Seligmann 1, 136.

96 Seligmann 169 ff. Köglmeier 322.

97 Erinnerungen, 174.

98 StAWü: Staw Wü 3.

99 Erinnerungen, 174.

100 Nur der Text dokumentiert, Plakat nicht vorhanden. STAWü: Staw Wü 6.

101 Köttnitz-Porsch 124 ff. Niekisch 66. StAWü: Staw Wü 3.

102 Erinnerungen, 175.

103 Siehe Abbildung S. 90

104 StAWü: StawWü 3.

105 Erinnerungen, 175.

106 Erinnerungen, 175.

107 Seligmann 1, 295 f. Köttnitz-Porsch, 198.

108 StAWü: Staw 3.

109 Köglmeier 323. Seligmann 1, 433. Köttnitz-Porsch, 166.

110 Erinnerungen, 175.

111 Köglmeier, 322. Hürten in HBG 4/1, 460.

112 Seligmann 1, 195. Köglmeier, 323.

113 Köglmeier, 327 f.

114 Erinnerungen, 175.

115 Köglmeier 472 ff.

116 Seligmann 1, 171.

117 Erinnerungen, 175.

118 Erinnerungen, 176.

119 Seligmann, 481 f. Köglmeier, 333 f.

120 Seligmann, 499.

121 Köglmeier, 336 ff.

122 StAM: Staw Mü I.

123 Sheppard, 243 f.

124 Hennig, 285 ff. Hürten in HBG IV/1, 461. Seligmann, 466 ff., 499 f. Köglmeier, 344 f.

125 Erinnerungen, 176 f.

126 Hennig, 288.

127 Köglmeier, 383 ff.

128 21./22. J.B. des Arbeitersekretariats 1918/19, 11.

129 Mitchel,l 278. Hennig, 289 f.

130 Dorschen = Kohlstrünke (Schmeller, Bayer. Wörterbuch Bd. 1/1, 544).

131 Erinnerungen, 177.

132 Interview Joseph Schwarzenberger mit der Autorin vom Februar 1979.

133 Mitchell, 280 ff. Hürten in HBG IV/1, 462 f.

134 StAM: Staw Mü I.

135 Erinnerungen, 177.

136 Eine Recherche im Staatsarchiv Bamberg und Anfragen bei der JVA Ebrach blieben ergebnislos.

137 StAM: Staw Mü I.

138 Wagenhöfer/Zink,169.

139 Der Schauplatz war nicht das heutige Luitpoldgymnasium an der Seeaustraße. Heute steht an der Müllerstraße 7 das stillgelegte Heizkraftwerk. (Grundner, Hubert: SZ v. 17.08.2007)

140 Köglmeier, 399. Mitchell, 289.

141 Erinnerungen, 178.

142 Herz/Halfbrodt, 237 ff.

143 Mühsam, Von Eisner bis Leviné 12 f., 19.

144 Erinnerungen, 178.

145 StAWü: Staw Wü 3.

146 StAM: Staw Mü I.

147 Erinnerungen, 178.

148 Erinnerungen, 179.

149 StAM: Staw Mü I

150 Erinnerungen, 180.

151 StAM: Staw Mü I.

152 StAM: Staw Mü I.

153 Mitchell, 289.

154 Wichtige Waffen wurden nicht ausgegeben, „die wenigen Waffen gerieten in die Hände ausgesuchter Mehrheitler", so Mühsam in seinen Erinnerungen (Von Eisner bis Leviné 29).

155 Rätsch-Langejürgen, Das Prinzip Widerstand, 62 ff.

156 Erinnerungen, 156. Die Verteidigungsrede Kandlbinders liegt nicht schriftlich vor.

157 Nach Dorst, Räterepublik, 71.

158 Erinnerungen, 172.

159 Nach Dorst, Räterepublik, 76.

160 Kronawitter in Hettler/Sing, 141.

161 Erinnerungen, 180.

162 nach Dorst, Räterepublik, 66.

163 StAWü: Staw Wü

164 Vgl. StAM: Pol.Dir., Gestapo nach 1922 ff.

165 Die Verfassung des Deutschen Reichs v. 11. Aug. 1919, Art. 165, Schulausgabe o. J., 36.

166 21./22. J.B. des Arbeitersekretariats München, 1918/19 15 ff.

167 Rudloff in Bauer, 1992, 148. Angermair in Hettler/Sing, 91, 97.

168 Erinnerungen, 180.

169 Die Münchener Gewerkschafts-Bewegung 1920/21, 17.

170 Erinnerungen, 181.

171 Erinnerungen, 181.

172 G.B. Konsumverein Mü-Sendling 36. Jg., 1921/22, 15 und folgende bis 1933.

173 Lotterschmid/Mehringer 146. Grau, USP, Hist. Lexikon.

174 Bauer/Piper, München, 278 f.

175 Erinnerungen, 181 f.

176 Die Münchener Gewerkschaftsbewegung 1920/1921, 15 f. Reinhard Bauer, Im Dunst 202 f.

177 Rudloff, 1998, 352.

178 StAM: Pol.Dir. 6879. Rudloff in Bauer, 352. Angermair in Hettler/Sing, 100 f.

179 Erinnerungen, 182.

180 Verband der Lebensmittel- und Getränkearbeiter Deutschlands, Ortsverein München 1925, 22.

181 Rudloff in Bauer, 354. Stephan in Hettler/Sing, 106.

182 Verband der Lebensmittel- und Getränkearbeiter, 1925, 5.

183 Ebd. 1925, 30.

184 Schäder 302. 75 Jahre Bayerischer Brauerbund 27.

185 Linné, Geschichte der Brauereiarbeiterbewegung, 96 f.

186 Erinnerungen, 182.

187 StAM: Pol.Dir. 6883.

188 Verband der Lebensmittel- und Getränkearbeiter, Ortsverein München, 36.

189 Erinnerungen, 182.

190 Vgl. Jahresberichte des Verbands 1906-1933 (unter verschiedenen Titeln).

191 Die Münchener Gewerkschaftsbewegung 1926 ff.

192 StAM: Pol.Dir. 6883.

193 Verband der Nahrungsmittel- und Getränkearbeiter, Mü 1931, 50 geschrieben am 29. Januar 1932.

194 Verband der Nahrungsmittel- und Getränkearbeiter 1932, 3, 27. Schlusswort und Einleitung v. 31. Januar 1933.

195 Hanko in München-Hauptstadt der Bewegung, 196 ff.

196 Ziegler in HBG 4/1, 501 ff. Bauer/Piper 291, 335 f. Rudloff, 1992, 364. Haerendel in Bauer 369. Mehringer, 148.

197 Eiber in München-Hauptstadt der Bewegung, 255.

198 StAM: Pol.Dir. 6883. Gestapo 28. Bauer/Piper, 335.

199 Nerdinger, 130. Yale Law School: Nazi Conspiracy and Aggression, Volume IV. Document No. 2277-PS, Statement of Gustav Schiefer. Diese im Internet ausgewiesene Quelle ist im Archiv des IfZ lt. Auskunft vom 13.05.08 nicht bekannt. Wehner, Friedrich: „Unser Verband steht fest", NGG Mü, 54.

200 Eiber in Kat. München-Hauptstadt der Bewegung, 241.

201 Yale Law School: Nazi Conspiracy, Statement of Gustav Schiefer.

202 Antwortschreiben der KZ-Gedenkstätte Dachau vom 23.04.08 gez. Anne Stiller.

203 Hanko in Hauptstadt der Bewegung, 201.

204 Ein sich angesichts eines Lebens hoher ethischer Prinzipien eigentlich verbietender Gedanke wurde sofort aus dem Weg geräumt: Das Bundesarchiv in Berlin, das auf Ersuchen der Autorin die Akten überprüfte, bestätigte, dass Georg Kandlbinder nicht in die NSDAP eingetreten ist. Bundesarchiv, Antwort vom 12.02.2007 gez. Blumberg.

205 Eiber in Hauptstadt der Bewegung, 240.

206 StAM: Pol.Dir. 6879, 6884. Leider war hier der Akt Pol.Dir. 6881 bis Redaktionsschluss Juni 2008 nicht auffindbar.

207 46. G.B. der Konsumgen. 1931/32 (letzter Bericht). 100 Jahre Konsumgen., 61.

208 Weber, Adolf: Deutsches Wirtschaftsleben, 250.

209 100 Jahre Konsumgenossenschaft, 59, 70. Weber, Adolf, 220.

210 Personalakt AOK. Privatarchiv.

211 Schreiben vom 12.12.1933. Privatarchiv.

212 Bauer/Piper, 336. Haerendel in Bauer 1992, 374 f. 100 Jahre SPD im Münchner Rathaus, 93.

213 Vgl. Hanko in Kat. Hauptstadt der Bewegung, 199 f.

214 StAM: Gestapo, 29.

215 Archiv des Bistums Passau: Taufmatrikel 06.U-T/Kandlbinder Georg/001.

216 Privatarchiv

217 Daten der Geschichte der NSDP, 1935, 41.

218 Deutsche Freiheit, Stimmen und Gedanken der Illegalen, Saarbrücken Nr. 70, 24.03.34.

Quellen und Literatur

Ungedruckte Quellen

Archiv des Bistums Passau:
Matrikelamt: Taufmatrikel 06. K-T

Bayerisches Hauptstaatsarchiv:
MInn: 71528, 71707, 71724, 71733, 72632
MA: 99916, 99886, 99922
ASR 3, 18
Bildersammlung
Presseausschnittsammlung Personen

Staatsarchiv München:
Gestapo 13, 26, 28, 29, 30
Staw Mü I Nr. 2131/1, 2
Pol.dir. München 6877, 6879, 6880, 6882, 6883, 6884, 6888, 6889
RA 84.418-420

Stadtarchiv München:
Bürgermeister und Rat 1659 /1-4
PMB G 27
EBA 1904/1979

Staatsarchiv Bamberg:
K 192, K 3

Stadtarchiv Bamberg:
Bildersammlung

Staatsarchiv Würzburg:
Staw Wü 3, 4, 5, 6, 7, 8, 11, 12, 13, 44
Regierungsabgabe 328, 13597, 13738, 13739, 13598

Stadtarchiv Würzburg:
Bildersammlung, Zeitungsausschnitte

Privatarchiv Kandlbinder

Geschäftsberichte, Jahresberichte, Protokolle, Zeitschriften und Zeitungen

Arbeit und Zukunft. Nachrichtenblatt für die Arbeiter-und Bauernräte des Volksstaates Bayern, München Jg.1919.

Deutsche Freiheit, Stimmen und Gedanken der Illegalen, Saarbrücken Nr. 70, 24.03.34.

Die Münchener Gewerkschaftsbewegung. Ortsausschuß des Allgemeinen Deutschen Gewerkschaftsbundes, München 1921/22, 23. Jg. und folgende.

Freie Bahn, Wochenschrift für alle Volkskreise, 1. Jg. 12.06.1919, Nr. 5.

Geschäftsbericht gg. v. Sozialdemokratischen Verein München 1925/26, München 1927.

Geschäftsbericht des Versicherungsamtes der Landeshauptstadt München 1913 bis 1922.

Geschäftsbericht Konsum-Verein Sendling – München 1905 ff. bis 1932.

1. Jahresbericht des Arbeitersekretariats München 1898, München 1899 und folgende.

17. Jahresbericht des Arbeitersekretariats München und Geschäftsbericht des Gewerkschaftsvereins München für das Jahr 1914, o.J. bis 20. Jahresbericht 1917.

21. und 22. Jahresbericht des Arbeitersekretariats München und Geschäftsbericht des Gewerkschaftsvereins München für das Jahr 1918 und 1919.

Jahresbericht. Zentralverband deutscher Brauereiarbeiter, Zweigverein München 1906-1909.

Mitteilungen des Vollzugsrats der Betriebs-und Soldatenräte, Jg.1919.

Münchener Post Jg. 1907 v. 24.07.1907.

Münchener Jahrbuch, Kalender für Bureau, Comptoir und Haus, München 1900 ff.

Muenchener Jahrbuch, Kalender für Büro, Kontor und Haus, München 1914 ff. bis 1919.

Nachrichten-Blatt des Zentralrats, München, Jg. 1919.

Verband der Brauerei- und Mühlenarbeiter und verw. Berufsgenossen, Verwaltung München. Jahresbericht, 1910 und folgende bis 1914.

Verband der Lebensmittel- und Getränkearbeiter Deutschlands, Ortsverein München, Jahresbericht 1925 und folgende bis 1927.

Verband der Nahrungsmittel- und Getränkearbeiter, Ortsgruppe Munchen. Jahresbericht 1928 und folgende bis 1932.

Verhandlungen des provisorischen Nationalrates des Volksstaates Bayern im Jahre 1918/19. Beilagen-Band (Beilagen 1-100), München o.J.

Verhandlungen des provisorischen Nationalrates Bayern im Jahre 1918/19. Stenographische Berichte Nr. 1 bis 10.1 Sitzung am 8. Nov. 1918 bis zur 10.Sitzung am 4. Januar 1919, München o.J.

Verwaltungsbericht der Ortskrankenkasse für München, 1904 ff.

Verwaltungsbericht der Allgem. Ortskrankenkasse München (Stadt) 1914 bis 1931.

Zentralverband deutscher Brauereiarbeiter. Jahresbericht der Verwaltung, Zweigverein München 1906 und ff. bis 1909.

Gedruckte Quellen, Memoirenwerke und ältere Literatur

Bauer, Franz J. (Bearb.), Die Regierung Eisner 1918/19. Ministerratsprotokolle und Dokumente, Düsseldorf 1987.

Die Errichtung von Ortskrankenkassen in München und ihre Entwicklung, München 1926.

Die Verfassung des Deutschen Reichs v. 11. Aug. 1919, Schulausgabe.

Döberl, Michael: Sozialismus, Soziale Revolution, Sozialer Volksstaat, München 1920.

Dorst, Tankred: Die Münchner Räterepublik. Zeugnisse und Kommentar, München 1977.

Konsumverein Sendling-München GmbH. 100 Jahre Dienst am Verbraucher. 1886-1986.

Merz, Friedrich: Maßnahmen gegen die Überteuerung und die Bekämpfung des Kriegswuchers, in: Zeitschrift des Bayerischen Statistischen Landesamts 49 (1917) 213-224.

Mühsam, Erich: Von Eisner bis Leviné, Die Entstehung der bayerischen Räterepublik, Berlin 1929.

Nazi Conspiracy and Aggression Vol. IV. Doc. No. 2277-PS. Office of the United States Chief Counsel for Prosecution of Axis Criminality. Washington, DC, 1946.

Nawiaski, Hans: Bayerisches Verfassungsrecht, München/Berlin/Leipzig 1923.

Programme der deutschen Sozialdemokratie, Hannover 1963.

Schmitt, Franz August: Die Zeit der Zweiten Revolution in Bayern, in: Politische Zeitfragen, 1.Jg., München 1919, 209-276.

Sheppard, Richard: Die Protokolle von zwei Sitzungen des Revolutionären Zentralrats in München am 12. und 16. April 1919, in: Literaturwissenschaftliches Jahrbuch NF 33 (1991), 209-275.

Stenographischer Bericht über die Verhandlungen des Kongresses der Arbeiter-, Bauern-, und Soldatenräte 25. Febr.- 8. März 1919, Reprint 1974.

Troeltsch W., Hirschfeld P.: Die dt. sozialdemokratischen Gewerkschaften.

Untersuchungen und Materialien über ihre geographische Verbreitung 1896-1903, 1905.

Volz, Hans: Daten der Geschichte der NSDAP, 5. Aufl. Berlin 1935.

Weber, Adolf: Deutsches Wirtschaftsleben, Berlin 1944, 2. Aufl.

Winter, Albert: Der Fall Auer, München, o. J.

Literatur nach 1945

Albrecht, Dieter: Von der Reichsgründung bis zum Ende des Ersten Weltkrieges (1871-1918) in: Handbuch der bayerischen Geschichte Bd. 4/1, Max Spindler, neu hg. von Alois Schmid, München 2003, 319-439.

Albrecht, Günter: Vom Königreich zum Freistaat, München 1988.

Angermair, Elisabeth: München als süddeutsche Metropole. Die Organisation des Großstadtausbaus 1870-1914, in: Richard Bauer, Geschichte der Stadt München 1992, 307-335.

Angermair, Elisabeth: Eduard Schmid (1919-1924), in: Hettler/Sing, 2008, 89-102.

Ay, Karl-Ludwig (Zusammenstellung) und Vorwort von Carl Amery: Appelle einer Revolution. Dokumente aus Bayern zum Jahr 1918/19, München 1968.

Ay, Karl Ludwig: Volksstimmung und Volksmeinung als Voraussetzung der Münchner Revolution von 1918, in: Bosl, Bayern im Umbruch, München 1969, S. 345-386.

Bauer, Reinhard/Gerstenberg Günther u.a. (Hg.): Im Dunst aus Bier, Rauch und Volk. Arbeit und Leben in München. 1840-1945, München 1989.

Bauer, Reinhard/Piper, Ernst: München. Die Geschichte einer Stadt, München 1993.

Bauer Richard (Hrsg.): Geschichte der Stadt München. Eine Veröffentlichung des Münchner Stadtarchivs, München 1992.

Bauer, Richard: Geschichte Münchens, München 2003.

Baumann, Reinhard/Hoser, Paul (Hg.): Die Revolution von 1918/19 in der Provinz, (Forum Suevicum 1), Konstanz 1996.

Beyer, Hans: Die Revolution in Bayern, 1918-1919, Berlin 1988.

Brockhoff, Evamaria, u. a.: Acht Stunden sind kein Tag. Geschichte der Gewerkschaften in Bayern, 1997.

Bosl, Karl (Hrsg.): Bayern im Umbruch. Die Revolution von 1918, ihre Voraussetzungen, ihr Verlauf und ihre Folgen, München 1969.

Dankerl, Norman: Alois Lindner. Das Leben eines bayerischen Abenteurers und Revolutionärs, Viechtach 2007.

Fischer, Anton: Entwurf einer Festschrift des Bayerischen Brauerbundes, 1955.

Geschichte des bayerischen Parlaments 1819-2003, CD-ROM, hg. vom Bayerischen Staatsministerium für Wissenschaft, Forschung und Kunst, München 2005.

Götz, Aly: Hitlers Volksstaat. Raub, Rassenkrieg und nationaler Sozialismus, Frankfurt/Main 2005.

Götz, Norbert, u. a. (Hrsg.): Die Prinzregentenzeit, Kat. Münchner Stadtmuseum, München 1988.

Grau, Bernhard: Kurt Eisner 1867-1919. Eine Biographie, München 2001.

Grau, Bernhard: Unabhängige Sozialdemokratische Partei Deutschlands (USPD), 1917-1922, in: Historisches Lexikon Bayerns, URL: http://www.historisches-lexikon-bayerns.de/artike 44630 (12.07.2007). Vgl. hier auch Art. 44360.

Grebing, Helga: Arbeiterbewegung. Sozialer Protest und kollektive Interessenvertretung bis 1914. Deutsche Geschichte der neuesten Zeit, hg. v. Martin Broszat u.a., München 1985.

Guttmann, Thomas: Armenpflege und Fürsorge, in: Prinz, Friedrich u.a. (Hrsg.): München- Musenstadt mit Hinterhöfen. Die Prinzregentenzeit 1886-1912, München 1988, 132-141.

Haerendel, Ulrike: Das Rathaus unterm Hakenkreuz. Aufstieg und Ende der „Hauptstadt der Bewegung" 1933 bis 1945, in: Richard Bauer, Geschichte der Stadt München, 369-393.

Hanko, Helmut: Die nationalsozialistische Machtübernahme im Münchner Rathaus, in: München-Hauptstadt der Bewegung, 1993, 196-201.

Hanko, Helmut: Die Stadtverwaltung unterm Hakenkreuz, in: München-Hauptstadt der Bewegung, 1993, 201-205.

Halfbrodt, Dirk/Kehr, Wolfgang: München 1919. Bildende Kunst. Fotografie der Revolutions- und Rätezeit, Akademie der bildenden Künste, München 1979.

Herz, Rudolf/Halfbrodt, Dirk: Fotografie und Revolution, München 1918/19, Kat. Münchner Stadtmuseum, 1988.

Hennig, Diethard: Johannes Hoffmann. Sozialdemokrat und Bayerischer Ministerpräsident. Biographie, Schriftenreihe der Georg-von-Vollmar-Akademie Bd. 3, München u.a. 1990.

Hettler, Friedrich H./Sing, Achim (Hrsg.): Die Münchner Oberbürgermeister, München 2008.

Hillmayr, Heinrich: München und die Revolution von 1918/19. Ein Beitrag zur Strukturanalyse von München am Ende des Ersten Weltkrieges und seiner Funktion bei Entstehung und Ablauf der Revolution, in: Bosl, Bayern im Umbruch, 453-506.

Hirschfelder, Heinrich: Die bayerische Sozialdemokratie 1864-1914, 2 Tbde. Erlangen 1979.

Hitzer, Friedrich: Anton Graf Arco, Das Attentat auf Kurt Eisner und die Schüsse im Landtag, München 1988.

Hürten, Heinz: Revolution und Zeit der Weimarer Republik, in: Handbuch der bayerischen Geschichte Bd. 4/1, Max Spindler, neu hg. von Alois Schmid, München 2003, 440-498.

Hundert Jahre AOK München, München 1986.

100 Jahre Dienst am Verbraucher, 1886-1986 Konsumverein Sendling-München, 1986.

100 Jahre SPD im Münchner Rathaus, hg. v. d. SPD-Stadtratsfraktion, Leitung Hermann Wilhelm, München 1994.

Jüngling, Elisabeth: Arbeitskämpfe der Jahrhundertwende, in: Prinz, Friedrich u.a. (Hrsg.): München- Musenstadt mit Hinterhöfen. Die Prinzregentenzeit 1886-1912, München 1988, 54-59.

Köglmeier, Georg: Die zentralen Rätegremien in Bayern 1918/19, München 2001.

Köllmayr, Friedrich: Unser München. Antifaschistischer Stadtführer, Frankfurt 1983.

Köttnitz-Porsch, Bettina: Novemberrevolution und Räteherrschaft 1918/19 in

Würzburg, Mainfränkische Studien Bd. 35, Würzburg 1985.

Kral, Herbert: Die Landespolitik der SPD in Bayern von 1924 bis 1933, München 1985.

Kritzer, Peter: Die bayerische Sozialdemokratie und die bayerische Politik 1918-1923, (MBM 20), München 1969.

Kritzer, Peter: Die SPD in der bayerischen Revolution von 1918, in: Bosl, Bayern im Umbruch, 427-452.

Kritzer, Peter: Bayern ist fortan ein Freistaat. Stationen bayerischer Verfassungsgeschichte. 1803-1940, Rosenheim 1992.

Kronawitter, Hildegard: Thomas Wimmer (1948-1960), in: Hettler/Sing 2008, 135-166.

Linné, Carl/Backert, Eduard: Geschichte der Brauereiarbeiterbewegung, Schriftenreihe Nr. 7, 2. Teil, Gewerkschaft NGG, Hamburg 1962.

Lotterschmid, Michael/Mehringer, Hartmut: Erhard Auer, in: Von der Klassenbewegung zur Volkspartei, hg. von Hartmut Mehringer, (Schriftenreihe der Georg-von-Vollmar-Akademie, Bd.5, München 1992, 138-150.

Makurath, Matthias: „...gerade Dich, Arbeiter, wollen wir." Nationalsozialismus und freie Gewerkschaften im Mai 1933, hg. DGB Jugend Hessen, Frankfurt/M. 2003.

Mitchell, Allan: Revolution in Bayern 1918/1919. Die Eisner-Regierung und die Räterepublik, München 1967.

Mehringer, Hartmut: Von der Klassenbewegung zur Volkspartei. Wegmarken der bayerischen Sozialdemokratie, 1992.

Merz, Johannes: Auf dem Weg zur Räterepublik, (ZBLG 66) 2003, 541-564.

München-„Hauptstadt der Bewegung", Münchner Stadtmuseum Kat. München 1993.

München und seine Bauten, hg. v. Bayerischen Architekten- und Ingenieur-Verein, München 1912.

Nerdinger, Winfried (Hrsg): Ort und Erinnerung. Nationalsozialismus in München, Architekturmuseum TU München, Salzburg-München 2006.

Niekisch, Ernst: Gewagtes Leben, Köln 1958.

Ohorn, Falk: In der Fremde will ich lernen. Biografien bayerischer Handwerker aus den letzten beiden Jahrhunderten, Haus der Bayerischen Geschichte, Augsburg 2006.

Potthoff, Heinrich: Die Sozialdemokratie von den Anfängen bis 1945. Kleine Geschichte der SPD, Bd.1, Bonn-Bad Godesberg 1974

Pledl, Wolfgang: Bayern 1918 bis 1921. Aspekte seiner wirtschaftlichen und sozialen Entwicklung (ZBLG 49) 1986, 125-168.

Pohl, Karl Heinrich: Die Münchener Arbeiterbewegung, Sozialdemokratische Partei, Freie Gewerkschaften, Staat und Gesellschaft in München 1890-1914, München u. a.1992.

Preis, Kurt: München unterm Hakenkreuz, München 1980.

Rädlinger, Christine: Bewahrung und Fortschritt. Geschichte des Vereins Münchener Brauereien. 1871-1996, München 1996.

Rätsch-Langejürgen, Birgit: Das Prinzip Widerstand. Leben und Wirken von Ernst

Niekisch (Schriftenreihe Extremismus u. Demokratie, Bd. 7), Bonn 1997.

Ranke, Winfried: Bildberichterstattung in den Zwanziger Jahren, in: Stölzl, Christoph, Die Zwanziger Jahre in München, Kat. Münchner Stadtmuseum 1979, 53-73.

Revolution und Räteherrschaft in München. Aus der Stadtchronik 1918/19 (Neue Schriftenreihe des Stadtarchivs München Bd. 29), München/Wien 1968.

Rudloff, Wilfried: Notjahre – Stadtpolitik in Krieg, Inflation und Weltwirtschaftskrise 1914 bis 1933, in Bauer Richard 1992, 336-368.

Rudloff, Wilfried: Die Wohlfahrtsstadt. Kommunale Ernährungs,- Fürsorge- und Wohnungspolitik am Beispiel Münchens 1910-1933, Schriftenreihe der Hist. Kommission bei der Bay. Akademie der Wissenschaften, Bd. 63, 2 Teilbde., Göttingen 1998.

Schäder, Christian: Münchner Brauindustrie. 1871-1945. Die wirtschaftsgeschichtliche Entwicklung eines Industriezweiges, Marburg 1999.

Schmalzl, Markus: Der Kongress der Arbeiter-Bauern-und Soldatenräte in München (13.02.- 08.03.1919), Magisterarbeit Phil. Fak. III, o. J.

Seligmann, Michael: Aufstand der Räte. Die erste bayerische Räterepublik vom 7. April 1919 (Reihe Libertäre Wissenschaft Bd. 8), Grafenau-Döffingen 1989.

Selig, Wolfram: Aspekte der nationalsozialistischen Machtergreifung in München. Aus der Stadtchronik u.a., Stadtarchiv München, 1983.

Schneider, Michael: Kleine Geschichte der Gewerkschaften, Bonn 1989.

Stephan, Michael: Karl Scharnagl, in: Hettler/Sing, 103-116.

Wagenhöfer, Werner/Zink, Robert: Räterepublik oder parlamentarische Demokratie. Die Bamberger Verfassung 1919 (Veröffentlichungen des Stadtarchivs Bamberg 10), 1999.

Weber, Ullrich: Würzburg. Vom Novemberumsturz zur Räterepublik (Mainfränk. Jb. 25) 1973, 81-134.

Wehner, Friedrich: „Unser Verband steht fest!" 100 Jahre Gewerkschaft Nahrung-Genuß-Gaststätten in München. 1887-1987, München 1987.

Weisz, Christoph: Die Revolution von 1918 im historischen und politischen Denken Münchener Historiker der Weimarer Zeit, in: Bosl, Bayern im Umbruch, 537-568.

Weyerer, Benedikt: München 1919-1933, Stadtrundgänge zur politischen Geschichte, hg. von der Landeshauptstadt München, München 1993.

Wiemer, Wolfgang (Hrsg.): Ebrach. 200 Jahre nach der Säkularisation 1803, Ebrach 2004.

Winkler, Heinrich August: Der lange Weg nach Westen, Bd. I, München 2000.

Ders.: Arbeiter und Arbeiterbewegung in der Weimarer Republik 1918-1933, 3 Bde. 1984/87.

Ziegler,Walter: Bayern im NS-Staat 1933 bis 1945, in: Handbuch der bayerischen Geschichte Bd. 4/1, Max Spindler, neu hg. von Alois Schmid, München 2003, 500-634.

Abkürzungen

ADGB = Allgemeiner Deutscher Gewerkschaftsbund
AOK = Allgemeine Ortskrankenkasse
BayHStA = Bayerisches Hauptstaatsarchiv
BBB = Bayerischer Bauernbund
BVP = Bayerische Volkspartei
DDP = Deutsche Demokratische Partei
FA = Familienarchiv
FS = Festschrift
G.B. = Geschäftsbericht
HBG = Handbuch der Bayerischen Geschichte
J.B. = Jahresbericht
Jg. = Jahrgang
KPD = Kommunistische Partei Deutschlands
MSP = Mehrheitssozialdemokratische Partei
OKK = Ortskrankenkasse
PNR = Provisorischer Nationalrat
Pol.Dir. = Polizeidirektion
Ps. = Pseudonym
SPD = Sozialdemokratische Partei Deutschlands
StadtA Mü = Stadtarchiv München
StAM = Staatsarchiv München
StAWü = Staatsarchiv Würzburg
SZ = Süddeutsche Zeitung
USP = Unabhängige Sozialdemokratische Partei

Personenregister

Ortsregister

Abbildungsverzeichnis

Archiv des Bistums Passau, Matrikelamt: 165
Brauerei Straßkirchen Christian Böhm: 16
Bayerisches Hauptstaatsarchiv: 60, 78 (Sign.: ASR 3)
Archiv Kandlbinder: 8, 13, 14, 28, 29, 35, 36, 45, 51 (rechts oben), 52, 53, 68, 126, 163, 164, 166, Titelbild
Archiv Knauer: 15, 17, 40, 42, 43, 44, 46, 49, 51 (links u. unten), 54, 56, 57, 58, 61, 62, 63, 76, 83, 86, 89, 90, 103, 108, 134, 136, 147
Bildarchiv Neumann & Kamp: 67, 81, 93, 95, 104, 110
Archiv Paulanerbräu: 20, 21, 23
Staatsarchiv München: 114, 117, 119, 123
Stadtarchiv München: 37, 70, 113, 141, 153
Archiv H. Thomass: 19, 22, 23, 27, 130, 131
Bayerisches Wirtschaftsarchiv: 34

Bilder auf den nachfolgend genannten Seiten wurden aus Publikationen übernommen:
S. 64, 65, 73, 74, 99, 100: Ay, Karl-Ludwig (Zusammenstellung) und Vorwort von Carl Amery: Appelle einer Revolution. Dokumente aus Bayern zum Jahr 1918/19, München 1968.
S. 128: Geschäftsbericht Konsum-Verein Sendling-München 1923/24.
S. 31, 32, 37, 38, 136, 137, 155: 100 Jahre SPD im Münchner Rathaus, hg. v. d. SPD-Stadtratsfraktion, Leitung Hermann Wilhelm, München 1994.
S. 132, 139: Verband der Lebensmittel- und Getränkearbeiter Deutschlands, Ortsverein München, JB 1925.
S. 39, 145, 148, 149, 159: Wehner, Friedrich: „Unser Verband steht fest!" 100 Jahre Gewerkschaft Nahrung-Genuss-Gaststätten in München, 1887-1987, München 1987.
S. 33: Zentralverband deutscher Brauereiarbeiter. Jahresbericht der Verwaltung, Zweigverein München 1906 und ff. bis 1909.